성찬

신성한 감사의 성사, 그 영원한 신비

Αρχιμανδρίτης Κωνσταντίνος Σακαρίδης
Ευχαριστιακός Προσανατολισμός

콘스탄티노스 사카리디스 수도대사제 지음
마그달리니 마은영 옮김

성찬

신성한 감사의 성사, 그 영원한 신비

정교회출판사

머리말

지상에서는 매일 여러가지 크고 중요한 일들이 이루어집니다. 그러나 모든 일 가운데서 사람이 할 수 있는 가장 중요한 일은 바로 성찬예배를 드리는 것입니다. 성찬예배는 그리스도께서 제자들과 함께 하신 최후의 만찬이 계속되는 것이기 때문에 가장 위대한 행위라 할 수 있습니다. 또한 성찬예배는 천상과 지상을 연결하고, '승리의 교회(천상의 교회)'와 '투쟁하는 교회(지상의 교회)'를 연결하고, 신자들을 그리스도와 연결하고, 인간을 천상 권세와 모든 성인들과 연결하고, 산 이들과 죽은 이들을 연결하는 지상의 가장 숭고한 행위입니다. 성찬예배 거행은 하느님께서 천사들이 아닌 오직 인간에게만 주신 특권입니다.

이 작은 책 『성찬』에서 저자는 성경 말씀과 교부들의 글을 풍부하게 인용하며, 독자가 신비 중의 신비라

불리는 성찬의 깊은 의미를 이해하도록 도와줍니다.

성찬은 교회가 이천 년 동안 목숨처럼 지켜 온 우리 예배의 가장 큰 보물입니다. 성찬은 말로 설명될 수 없는 신비이며, 오직 경외함으로 입을 열어 받아 모시고 신랑 되신 그리스도의 끝없는 사랑을 겸손히 받아들이는 영혼만이 담을 수 있는 신비입니다.

그리스도께서 빵과 포도주 안으로 설명할 수 없는 방식으로 내려오셔서, 영원을 갈망하는 영혼들의 양식이 되어 주십니다. 그래서 집전 사제가 신자 개개인에게 성체성혈을 나누어 줄 때 다음과 같이 말합니다. "우리 하느님, 주 예수 그리스도의 거룩하시고, 생명을 주시는 성체와 성혈이 하느님의 종 …에게 주어지니, 당신의 죄 사함과 영생이 되리이다."

빵과 포도주의 소박한 '가리개(베일)' 아래 온 하

늘이 숨겨져 있습니다. 빵은 그리스도의 몸이 되고, 포도주는 그리스도의 피가 됩니다. 그리고 우리 같이 자격이 충분치 않은 이들이 그리스도를 먹고 마시도록 초대받아, 사도 베드로가 말한 것처럼 “하느님의 본성을 나누어 받는 자”(2베드로 1:4)가 됩니다.

이 일이 어떻게 일어나는 것일까요? 우주의 창조주께서 어떻게 빵과 포도주라는 소박한 형태 속에 숨으시는 것일까요? 어떻게 창조되지 않은 하느님께서 무한한 사랑으로 인간의 양식이 되셔서, 우리가 다시 하느님의 자녀가 되게 하시는 것일까요? 그 누구도 성찬의 신비를 말로 설명할 수 없습니다. 신비는 해석되는 것이 아니라 경험되고, 맛보아지고, 경배받는 것입니다. 신비는 오직 믿음으로만, 그리고 인간에게 허락된 만큼만, 다가갈 수 있습니다.

깊은 자각 속에서 성찬예배에 참여하는 이, "하느님에 대한 경건한 마음과 믿음과 사랑으로" 그리스도의 성체성혈을 받아 모시는 이는 성화(聖化)되어 '하느님을 모시는 자', '그리스도를 모시는 자'가 됩니다.

사랑하는 한국 독자 여러분께 이 한국어 개정판을 기쁜 마음으로 전합니다. 이 책이 여러분이 성찬의 거룩한 신비를 더 깊고 더 의식적으로 체험하는 데 소중한 계기가 되기를 진심으로 소망합니다.

2025년 11월 21일 성모님 입당 축일에

정교회 한국 대교구

† 암브로시오스 조성암 대주교

† 조성암 대주교

차례

서문

감사의 성사에 대하여

악성빈혈은 별다른 통증도 없고 신체 구조의 심각한 이상과 같은 눈에 띄는 외형적 변화를 불러오는 병은 아니다. 하지만 사람을 서서히 쇠약해지게 하여 결국에는 아무도 손을 쓸 수 없게 된다는 점에서 무서운 질환이기도 하다.

의사는 환자를 살려보려고 온갖 노력을 기울인다. 약을 처방하고 영양가 있는 식사를 권고하며, 무엇보다도 수혈이 꼭 필요하다고 강조한다.

오늘날의 많은 그리스도인들은 악성빈혈 환자와 비슷한 증세를 보인다. 영적인 빈혈로 인하여 시나브로 생명을 잃어 가는 그들 또한 수혈을 받을 필요가 있다. 하지만 특별할 것 없는 인간의 피는 아무런 소용이 없다. 인간의 혈액은 영적인 빈혈의 치유에는 전혀 도움이 되지 않기 때문이다.

인간의 영혼은 전적으로 다른 피를 요구한다. 다시 말해서 '세상의 구원을 위하여 흘려진 피', 즉 '생명을 주시는 그리스도의 피'를 필요로 하는 것이다.

이 문제에 대해 크론스타트의 요한 성인은 이렇게 말한다.

> "수혈이 절실한 환자가 자신의 혈액형과 일치하는 혈액을 찾으면 기뻐할 것입니다. 그 혈액으로 목숨을 부지하리라는 희망 때문입니다. 이처럼 인간의 피를 받는 것만으로도 누군가는 그토록 큰 기쁨을 느끼는데, 하물며 우리 몸속에 하느님의 피가 수혈된다면 그 희열은 얼마나 더 클 것이며 가슴은 또 얼마나 벅차오를까요?
>
> 더욱이 우리에게 수혈되는 피는 불순물로 가

득한 인간의 피가 아니라, 지극히 순결한 그리스도의 피입니다. 우리는 이를 받아 모심으로써 새로운 생명을 얻고, 우리 안에 그리스도를 모신 자, 하느님을 모신 자가 됩니다. 게다가 그리스도의 피는 혈액형을 초월하여 모두에게 다 어울리지요.

영적인 수혈은 성찬을 통해 이루어집니다. 성찬에서는 고귀하고, 지극히 거룩하고, 순결하고, 생명을 주시는 그리스도의 피가 죄 많은 우리의 몸속으로 흘러듭니다. 부족한 우리 안에 예수님의 피가 흐르게 되는 것이지요. 이는 곧 골고타에서의 희생이 반복되는 것입니다. 거룩한 제단은 골고타가 되며, 그곳의 바위를 적셨던 바로 그 고귀한 피가 우리 교회의 희생 제단 위를 적십니다. 그리고 성찬식 때마다 하느님께서는 사제의 입을 통하여 우리를 부르십니다. 빈혈증에 시달리는 신자들에게, 가까이 다가와 구원의 수혈을 받으라고 말입니다. 그러나 과연 몇 사람이나 이 부르심을 깨닫습니까?"

어떤 이는 첨단 과학 문명이 가져다준 물질적인 풍요와 편익 속에 사는 현대인들을, 영원히 바닥나지 않는 엄청난 보물 창고를 곁에 두고도 사막에 나가 굶주림과 갈증에 지쳐 헤매는 인간에 비유하기도 한다.

진정으로 현대인들은 빈번히 굶어 죽거나 목이 말라 죽는다. 이들은 신화에 나오는 탄탈로스 왕처럼, 샘 가까이에는 있으나 그 샘물을 마실 수가 없는 자들이다. 아니면 영원히 마르지 않는 샘이 언제나 곁에 있다는 사실을 알지 못하는 자들이다.

몇 해 전, 미국의 어린 두 자매가 비극적인 죽음을 맞이한 사건이 신문에 실렸다. 아버지가 세상을 떠난 뒤, 자매는 일자리를 구하지 못해 절망적인 생활을 이어가다가 한 아이는 광기에 사로잡혀 생을 마감하고, 다른 아이는 굶주림 끝에 목숨을 잃었다.

그런데 더욱 비극적인 것은 자매가 매일같이 열어 보던 서랍 속 깊숙한 곳에 아버지의 쪽지가 있었다는 사실이다. 거기엔 상당한 재산이 숨겨진 장소가 적혀 있었다. 쪽지는 그들이 세상을 떠난 뒤 경찰에 의해 발견되었다. 그 사실을 알지 못한 채, 자매는 비참한 죽음을 맞은 것이다.

이 사건은 또 다른 이야기를 우리에게 상기시킨다. 아주 오래전 유럽인들이 처음으로 아프리카를 탐

험하던 중에 그들은 길에서 공기놀이를 하는 원주민 아이들을 보았다. 그때 아이들이 공깃돌로 쓰던 것은 다름아닌 진주였다. 주위에 진주가 그렇게 무수히 널려 있었음에도 아프리카 사람들은 그 가치를 알지 못해 굶어 죽는 경우가 허다했던 것이다. 이 얼마나 안타까운 일인가!

그리스도교 역사가 이천여 년에 달하는 오늘날에도 여전히 많은 그리스도인들이 이 '값진 진주'의 가치를 깨닫지 못하고 있다는 사실이 대단히 유감스럽다.

주님께서는 "내가 바로 생명의 빵이다. 나에게 오는 사람은 결코 배고프지 않고 나를 믿는 사람은 결코 목마르지 않을 것이다"(요한 6:35)라고 하셨고, 또 "목마른 사람은 다 나에게 와서 마셔라"(요한 7:37)

라고 분명하게 말씀하셨다. 그럼에도 불구하고 많은 사람들은 아직도 주님께로 가까이 가지 않고 굶주림과 목마름에 지쳐 있다.

얼마나 많은 사람들이 여전히 사막에서 헤매고 있으며, 또 얼마나 많은 영혼들이 '생명의 샘'을 곁에 두고도 이를 마시지 않아 바짝 메말라 있는지 알 수가 없다. 이들은 목마른 사슴이 시냇물을 찾아 헤매듯, 영혼을 시원하게 적셔 줄 물을 찾아 정처 없이 떠돈다. 그러나 배고픔은 사그라들 줄 모르고, 갈증은 온몸을 태울 듯 타오르기만 할 뿐이다.

영혼 속의 공허는 점점 커져만 가고 그 채워지지 않는 헛헛함으로 인해 불안까지 가중되는 상황. 그것을 요즘 현대인들은 공통적으로 겪는다. 이들은 그 공허를 메꾸기 위해 학문이나 예술, 혹은 돈에서 기쁨을 찾으려 하고, 때로는 죄악의 흙탕물을 마구 들이키기도 한다. 하지만 그럴수록 갈증과 허기는 더 심해지기만 할 뿐이다.

그리스도교의 저명한 저자 조바니 파피니는『예수님의 생애』라는 책에서 이렇게 말한다.

> "배고픈 사람은 자신에게 필요한 것이 빵이라고 생각합니다. 그러나 그에게 진정으로 필요한 것은 예수 그리스도 바로 당신이십니다. 병자는 자신에게 부족한 것이 건강이라고 생각하지만, 실제로 그에게 없는 것은 바로 당신이십니다. 진리를 구하는 사람은 진리이신 당신을 찾고 있습니다…."

갈증을 호소하는 오늘날의 수많은 사람들에게는

수천 년 전 예레미야 예언자의 입을 통해 전해졌던 다음과 같은 말씀이 훨씬 더 잘 어울릴 듯하다.

> "그들은 생명의 물이 솟아나는 샘인 나를 버리고 더러운 구덩이를 팠도다."

이 말씀은 사람들이 깨끗한 물이 솟아나는 시원한 샘을 버려두고 죄악의 더러운 물에서 갈증을 해소하고자 함을 지적한다.

더불어 오늘날 그리스도인들 가운데는 또 하나의 부류가 있다. 악마가 마음속에 있는 배고픔과 목마름에 대한 감각을 말끔히 제거함으로써, 영적 양식인 그리스도의 몸과 피를 먹고 마시고자 하는 갈망을 전혀 느끼지 못하는 사람들이 바로 그 부류이다. 이는 악마가 거둔 가장 큰 승리이다. 악마는 인간을 죄악 속에 밀어넣을 때 극도의 희열을 느낀다.

이런 자들은 포도나무에서 떨어져 나간 가지에 비유될 수 있는데, 이는 그들의 영혼 속에 생명의 즙이 더이상 공급되지 않기 때문이다. 무관심으로 인해 말라 비틀어진 존재가 되고 만 것이다.

'생명의 양식'을 먹지 않고 '불멸의 물'을 마시지 않는 인간이 어떻게 살아갈 수 있겠는가? 악마가 기뻐하는 이유가 바로 여기에 있다. 그런데 더욱 답답한 것은 이런 부류의 사람들은 스스로가 탈수 상태라는 것을 깨닫지 못할 뿐만 아니라, 나아가 다른 이들이 생명의 잔에 다가가 성체성혈을 자주 모시려 하면 그것을 트집잡고 방해한다는 사실이다. 이 얼마나 큰 죄악이며 얼마나 큰 사탄의 승리인가!

이 책은 무언가를 찾아 헤매는 모든 그리스도인, 목마르고 배고프지만 그 갈증과 허기를 어디에서 무엇으로 해소해야 할지 모르는 이들, 생명의 성사(聖事)를 알지 못하는 이들, 영적 양식에 대해 무관심한 이들, 영적 빈혈에 시달리는 이들, 그리고 그리스도를 알고 사랑하며 그리스도와 하나가 되기를 열망하는 모든 사람들을 위해 쓰였다.

따라서 이 글이 목적하는 바는 오직 하나, 모두가 감사의 성사에 대한 올바른 지식을 갖도록 돕는 것이다.

이 책에는 감사의 성사에 관한 그리스도의 말씀, 사도들의 가르침, 공의회의 결정 사항, 정교회 교부들의 견해가 담겨 있다. 또한 우리 모두가 '제물로 바쳐

진 어린 양'에 더 가까이 다가갈 수 있도록, 그분의 사랑의 상처에서 흐르는 피를 우리 영혼이 받아 모시는 데 도움을 주고자 하는 몇몇 사람들의 소박한 생각도 실어 두었다. 끝으로, 성찬식 전과 후에 드리는 기도문들을 수록하여 신자들이 실제로 성체성혈을 모시는 데 있어 영적인 유익을 얻도록 했다.

콘스탄티노스 사카리디스 수도대사제

첫번째 장

신약성서에 나타난 감사의 성사

주님께서는 '스스로 원해서 택하신 고난'을 향해 걸어가셨다. 그리고 앞으로 무슨 일을 당하게 될지 알고 계셨다. 유다인들의 과월절이 다가오고 있었으며, 주님은 당신께 있어서 그것이 이 세상에서의 마지막 과월절이 될 것임을 알고 계셨다. 주님은 예루살렘에 가면 어떤 일이 당신께 닥칠지를 제자들에게 미리 일러 주셨다.

베드로가 주님의 고난을 막아 보겠다고 나섰을 때, 주님께서는 "너는 나에게 장애물이다. 너는 하느님의 일을 생각하지 않고 사람의 일만을 생각하는구나"(마태오 16:23) 하고 베드로를 나무라시며, 당신은 하느님 아버지의 뜻에 따를 것임을 분명하게 밝히셨다.

그런데 주님께는 한 가지 소원이 있었다. 그것

은 "내가 고난을 당하기 전에 너희와 이 과월절 음식을 함께 나누려고 얼마나 별러 왔는지 모른다"(루가 22:15)라는 말씀처럼, 제자들과 함께 과월절 음식을 드시는 일이었다. 제자들은 주님과 함께 삼 년 남짓한 세월을 보내는 동안 그분이 표현하시는 사랑을 수없이 보아 왔었다. 그럼에도 불구하고 그 사랑이 얼마나 큰지를 잘 이해하지는 못했던 듯하다. 그리하여 이제 주님께서 당신의 모든 사랑을 제자들에게 조금도 숨김없이 다 드러내 보이실 때가 왔던 것이다.

> "과월절을 하루 앞두고 예수께서는 이제 이 세상을 떠나 아버지께로 가실 때가 된 것을 아시고 이 세상에서 사랑하시던 제자들을 더욱 극진히 사랑해 주셨다." (요한 13:1)

최후의 만찬이 있던 그날 저녁에 주님은 당신의 뜨거운 사랑을 마음껏 베풀기로 작정하셨다. 주님은 제자들이 그 과월절을 유다인들의 과월절이 아닌, 좀 더 특별한 과월절로 기억하게 되기를 바라셨다. 왜냐하면 그 과월절은 '새로운 과월절'이 될 것이었고, 그날 바쳐질 희생 제물은 양이 아니라 "이 세상의 죄를 없애시는 하느님의 어린 양"(요한 1:29)이신 하느님 그리스도 당신이셨기 때문이다.

주님께서는 또한 제자들이 이 새로운 과월절을 유다인들처럼 매년 한 번만 기념하는 것이 아니라, 주님을 기억할 때마다 지내게 되기를 원하셨다. 그래서 새로운 과월절을 세우시던 그날 밤, 주님은 빵을 들어 감사 기도를 드리신 후에 그것을 떼어 제자들에게 나누어 주시며 "이것은 너희를 위하여 내어주는 내 몸이다. 나를 기억하여 이 예식을 행하라"(루가 22:19)고 부탁하셨던 것이다.

유다인들은 모세의 명령을 따라 이집트의 종살이에서 해방되어 약속의 땅 가나안으로 간 사건을 기념하여 매년 양을 잡고 과월절을 지냈다. 하지만 그리스도인들은 주님의 말씀대로 당신을 기리며 이 사랑의 성사를 되풀이하고 있는 것이다.

우리를 지극히 사랑하시는 주님께서는 생의 마지막 순간에 이르러서야, 부족한 우리의 머리로는 헤아리기 쉽지 않은 이 사랑의 성사를 가르쳐 주셨다. 그것은 아마도 우리가 보다 충실하게, 좀 더 자주 이 성사를 기억하기를 바라셨기 때문인 듯하다. 자신이 사랑하던 이가 남긴 유언이라면 끝까지 성실히 이행하려는 사람들의 마음을 염두에 두신 것이다.

"너희와 이 과월절 음식을 함께 나누려고 얼마나 별러 왔는지 모른다." 그리고 "나를 기억하여 이 예식을 행하라"는 말씀은 주님의 마지막 소원이었으며, 우리에게 남기신 마지막 부탁이었다.

주님께서는 당신의 제자들과 세상 사람들이 얼마나 미약한 존재인지 아셨다. 또한 그들의 영혼이 얼마나 쉽게 병드는지, 또 이를 치유하려면 무엇이 필요한지도 아셨다. 뿐만 아니라 사람들이 마음속으로 영생을 무척이나 갈망한다는 것도 다 헤아리고 계셨다. 그리하여 사랑의 주님께서는 "만일 너희가 사람의 아들의 살과 피를 먹고 마시지 않으면 너희 안에 생명을 간직하지 못할 것이다"(요한 6:53)라고 말씀하신 것이다.

하느님께서는 한때 기적을 통하여 광야의 이스라엘 사람들에게 양식을 내려 주셨다. 그러나 '광야에서 만나를 먹은 사람은 다 죽었고', 이제야 참된 '생명의 빵'이 처음으로 인간들에게 주어졌다.

"하늘에서 빵을 내려다가 너희를 먹인 사람은 모세가 아니다. 하늘에서 너희에게 진정한 빵을 내려 주시는 분은 내 아버지이시다"(요한 6:32)라고 그리스도께서 말씀하시자 제자들은 "그 빵을 항상 저희에게 주십시오"(요한 6:34) 하고 부탁드린다. 일 년에 한 번 또는 두세 번이 아니라, 항상 주십사 청원한 것이다.

이 말은 그들이 진정한 빵을 얼마나 갈구하고 있었는지를 잘 드러낸다. 그러자 예수님께서는 "내가 바로 이 생명의 빵이다. 나에게로 오는 사람은 결코 배고프지 않고 나를 믿는 사람은 결코 목마르지 않을 것이다"(요한 6:35)라고 답하신다.

'야곱의 우물가'에서 사마리아 여인은 구세주이신 그리스도로부터 생전 처음 다음과 같은 말씀을 들었다.

> "이 우물물을 마시는 사람은 다시 목이 마르겠지만 내가 주는 물을 마시는 사람은 영원히 목마르지 않을 것이다. 내가 주는 물은 그 사람 속에서 샘물처럼 솟아올라 영원히 살게 할 것이다." (요한

4:13-14)

여인은 그 즉시 "선생님, 그 물을 저에게 좀 주십시오"(요한 4:15) 하고 청하였다.

제자들이 "그 빵을 항상 저희에게 주십시오"라는 말로 그들의 소망을 표현한 것처럼, 사마리아 여인은 "그 물을 저에게 좀 주십시오"라고 말함으로써 생명의 물에 대한 갈망을 나타냈다.

빵과 물이 인간의 육신을 부지하는 데 필요한 두 가지 기본 요소인 것처럼, '그리스도의 몸과 피'는 인간이 영적인 생활을 영위하기 위해 절대적으로 필요한 요소들이다. '너희가 더 나은 생활, 더 영적인 생활을 하고 싶다면 이리 가까이 와서 내가 주는 '생명의 빵'을 자주 먹으라'고 주님께서는 오늘도 우리에게 말씀하신다. 또한 '이 성찬에서 나의 피를 마시고 두려워하지 말아라. 나의 죽음이 죽음을 물리쳤으므로 너희는 아무것도, 심지어는 죽음까지도 두려워할 필요가 없다'라고 말씀하신다.

이와 함께 "내 살을 먹고 내 피를 마시는 사람은 영원한 생명을 누릴 것이며 내가 마지막 날에 그를 살릴 것이다." (요한 6:54) 그리고 "내 살을 먹고 내 피를 마시는 사람은 내 안에서 살고 나도 그 안에서 산다"(요한 6:56)라고 덧붙이신다. 이것은 주님께서 우리를 계속해서 거룩한 감사의 성사로 초대하고 계신다는 것을 보여 주는 말씀들이다.

주님께서는 이처럼 성찬의 의미를 분명하게 밝히시면서 우리가 자주 성찬에 참여하기를 바란다고 말씀하셨다. 그러므로 만일 누군가가 성서를 읽고도 성찬식에 참여해야 하는 이유를 이해하지 못했다고 말한다면 그것은 참으로 어처구니 없는 일일 것이다.

사도들과 초대 교인들은 주님의 이와 같은 말씀을 항상 가슴에 새기고 "빵을 나누어 먹고 기도하는 일에 전념하면서"(사도행전 2:42) 살았다. 그리고 계속해서 "한마음이 되어 날마다 성전에 모였으며 집집마다 돌아가며 같이 빵을 나누고 순수한 마음으로 기쁘게 음식을 함께 먹으며 하느님을 찬양하였다." (사도행전 2:46)

초대 교인들의 행복의 비결은 바로 여기에 있었

다. 즉 그들은 주님의 고난받으심과 십자가에 못박히심을 기억하며, 매일 빵을 함께 나누면서 기쁨을 누린 것이다.

초대 교인들을 한마음 한뜻으로 연결시켜 주는 고리는 바로 주님이셨다. 주님께서는 고난을 받으시기 며칠 전에 "아버지, 이 사람들을 모두 하나가 되게 하여 주십시오. 아버지께서 내 안에 계시고 내가 아버지 안에 있는 것과 같이 이 사람들도 우리 안에 있게 해 주십시오. 그러면 아버지께서 나를 보내셨다는 것을 세상이 믿게 될 것입니다"(요한 17:21) 하고 기도드리지 않으셨던가?

사도들과 초대 교인들은, 모두가 하나가 되기 위해서는 먼저 각자가 주님과 하나가 되어야 함을 잘 알고 있었다. 또한 주님과 하나되는 최선의 방법은 당신께서 가르쳐 주신 대로 그분의 살을 먹고 피를 마시는 것 외에는 다른 게 없다는 사실도 헤아리고 있었다.

그로부터 얼마 지나지 않아 그리스도교의 위대한 사도 바울로는, 고린토인들이 주님과 하나되지 못하고 있을 뿐만 아니라 서로 간에도 단합하지 못하는 모습을 보고 주님께서 하셨던 말씀을 다시금 그들에게

전한다.

> "우리가 감사를 드리면서 그 축복의 잔을 마시는 것은 우리가 그리스도의 피를 나누어 마시는 것이 아니겠습니까? 또 우리가 그 빵을 떼어 내는 것은 그리스도의 몸을 나누어 먹는 것이 아니겠습니까? 빵은 하나이고 우리 모두가 그 한 덩어리의 빵을 나누어 먹는 사람들이니 비록 우리가 여럿이지만 모두 한 몸인 것입니다." (1고린토 10:16-17)

그리고 "주님의 잔을 마시는 여러분이 마귀의 잔을 마실 수는 없으며 또 주님의 식탁에 참여하는 여러분이 마귀의 식탁에 참여할 수는 없습니다"(1고린토 10:21)라고 말하면서 이 점을 각별히 유념해 줄 것을 당부한다.

다시 말해서 그리스도의 몸을 서로 나누어 먹고 모두가 하나의 몸을 이루는 교인들은 마귀를 숭상하는 이방인들과 교제를 해서는 안 되며, 우리를 위하여 희생하신 그분의 뜻에 따라 살아가도록 늘 주의를 기울여야 한다고 부탁하는 것이다.

사도 바울로는 자신이 성찬에 관해 고린토인들에게 전해 주는 것들은 홀로 생각해 낸 것이 아니라 주님으로부터 받은 것이라고 말한다.

> "내가 여러분에게 전해 준 것은 주님께로부터 받은 것입니다. 곧 주 예수께서 잡히시던 날 밤에 빵을 손에 드시고 감사의 기도를 드리신 다음 빵을 떼시고 '이것은 너희들을 위하여 주는 내 몸이니 나를 기억하여 이 예를 행하여라' 하고 말씀하셨습니다. 또 식후에 잔을 드시고 감사의 기도를 드리신 다음 '이것은 내 피로 맺는 새로운 계약의 잔이니 마실 때마다 나를 기억하여 이 예를 행하여라' 하고 말씀하셨습니다." (1고린토 11:23-25)

위의 내용을 보면 "나를 기억하여 이 예를 행하여라"라는 구절이 두 번 반복된다.

사도 바울로는 고린토인들에게 신신당부한다. '오! 고린토인들이여, 주일마다 여러분들이 성찬예배를 통해서 드리고 있는 제사는 '우리 주님을 기억하면서' 행해지는 제사라는 사실을 깨달으십시오. 그리고 그 제사를 정기적으로 드리며, 마귀의 식탁에는 참여하지 마십시오. 또한 "올바른 마음가짐 없이 그 빵을 먹거나 주님의 잔을 마시는 사람은 주님의 몸과 피를 모독하는 죄를 범하는 것입니다."(1고린토 11:27) "여러분 중에 몸이 약한 자와 병든 자가 많고 죽을 자도 적지 않은 것은 이 때문"(1고린토 11:30)이기에 성찬에 참여할 때에는 각별히 조심해야 합니다.'

만일 그때 사도 바울로가 고린토인들 곁에 있었더라면 그들은 이렇게 반문했을 것임에 틀림없다. '아니, 성찬을 잘못 모시면 죽기까지 한다고 말씀하시는데, 그렇다면 우리가 어찌 두려움 없이 성찬에 다가갈 수 있단 말입니까?'

부유한 자는 하느님 나라에 들어가기 어렵다는 말씀에 "그러면 구원받을 사람이 어디 있겠습니까?" 하고 되묻는 자들이 있었다. 이에 주님께서는 다음과 같이 말씀하셨다. "사람의 힘으로는 할 수 없는 일이지만 하느님께서는 하실 수 있다." (루가 18:27) 사도 바울로는 이 말씀으로 질문에 대한 답을 대신했을 것이다.

즉, '아무리 오랫동안 준비했을지라도 성찬을 모

실 수 있도록 해 주는 것은 주님의 은총입니다. 우리 자신이 잘나서가 아닙니다'라고 사도 바울로는 대답하였을 것이다. 그리고 이렇게 말했을지도 모른다. '고린토인들이여, "와서 내가 차린 음식을 먹고 내가 빚은 술을 마시라"(잠언 9:5)며 여러분을 식탁으로 초대하시는 주님의 음성에 귀를 기울이고, 그분의 사랑에 감사하십시오.'

아니면 또 이렇게 답했을 수도 있다. '주님께서 말씀하셨던 큰 잔치의 비유를 떠올려 보십시오. 주님께서는 종에게 "그러면 어서 나가서 길거리나 울타리 곁에 서 있는 사람들을 억지로라도 데려다가 내 집을 채우도록 하여라"(루가 14:23)라고 명하셨습니다. 그분의 사랑은 우리를 부르고 있습니다. 주님의 사랑은 지극히 크고 무한하기에 좋은 사람과 나쁜 사람을 구별하지 않으시고, 모든 이를 잔치에 초대하십니다. 하지만 주님께서는 예복을 입지 않은 손님을 보시면 어찌하여 예복도 입지 않고 여기에 들어왔느냐며 꾸짖고 내쫓으실 것입니다. 왜냐하면 당신께서 결혼식에 적합한 예복을 우리 모두에게 아무런 대가 없이 주셨기 때문입니다. 그러므로 예복을 입고 오지 않았다 하

여 쫓겨나더라도 여러분들은 그 어떤 변명도 할 수 없을 것입니다.'

'생명의 잔을 받을 때도 마찬가지입니다. 주님께서는 모든 사람을 부르십니다. 그러나 여러분들은 깨끗한 영혼과 더러움이 말끔히 씻긴 입술로 그 잔에 다가가야 합니다. 주님께서는 우리의 약점을 꿰뚫어 보시며, 쉽사리 죄를 범하는 인간의 속성도 잘 알고 계십니다. 바로 그렇기 때문에 성찬에 참여할 때 입을 옷을, 다시 말해 회개의 옷을 우리에게 주신 것입니다. 이 옷을 입어야만 인간은 생명의 잔에 가까이 갈 수 있습니다.

고백성사 또한 하느님께서 우리에게 베푸신 사랑의 표현입니다. "각 사람은 자신을 살피고 나서 그 빵을 먹고 그 잔을 마셔야 합니다."(1고린토 11:28) 자신을 들여다보고 회개해야 합니다.'

'자신을 살피십시오!' 그렇다면 과연 어떻게 하는 것이 자신을 살피는 것일까? 사도 바울로는 상세한 설명은 하지 않는 편이어서 이에 대해 단지 남을 사랑하는 것이 자신을 살피는 것이라고만 말한다.

> “형제 여러분, 거룩한 회식을 하려고 교회가 모일 때에는 서로 남을 기다려 주십시오.” (1고린토 11:33)

다시 말해, 주님의 성찬에 참여하려고 모일 때는 사랑으로 서로가 서로를 기다려 주어야 한다는 의미이다.

‘현재로서는 여러분에게 사랑의 계명만을 지키라고 충고하는 데 그치겠지만 “그 밖의 일에 대해서는 내가 가서 일러 드리겠습니다”(1고린토 11:34)’라고 사도 바울로는 말한다.

주님의 성찬에 관하여 사도 바울로가 고린토인들에게 써 보낸 서신의 내용은 그의 다른 글에서는 다시 등장하지 않는다. 이는 아마도 사도 바울로가 참석했던 사도들의 공의회에서 이 문제가 조명되었으며, 다른 주제들과 더불어 성찬에 관해서도 깊은 논의 후 확정된 규범이 공표되었기에 더 이상 개인적으로 설명을 반복할 필요가 없다고 판단했기 때문인 듯하다.

다음 장에서는 감사의 성사가 무엇인지 보다 명

확히 이해하는 데 도움이 되는 사도들의 공의회 규범과 기타 다른 규범들, 그리고 우리 정교회 교부들의 견해를 살펴본다.

두번째 장

공의회 규범과 교부들의 저서에 나타난 감사의 성사

신약 성서의 여러 구절, 그리고 특히 사도행전의 다음 구절은 초대 교회가 교인들에게 성찬을 모실 것을 가르쳤고 또 이를 실행해 왔음을 확실하게 보여 준다.

> "그들은 사도들의 가르침을 듣고 서로 도와주며 빵을 나누어 먹고 기도하는 일에 전념하였다." (2:42)

고린토뿐만 아니라 다른 지역의 교인들도 "거룩한 회식을 하려고 교회가 모일 때에는 서로 남을 기다려주십시오"라는 주님의 말씀과 사도 바울로의 언급에 따라 사랑이 넘치는 성찬을 실천하려고 애썼다.

그들의 이런 사랑 덕분에 모임은 '주의 성찬(주님

의 이름으로 거행되는 성찬)'이라는 명칭 외에도 '사랑의 성찬'이라고도 불렸다. 진정한 사랑으로 서로가 서로를 매일 밤 성찬에서 기다렸고, 만일 누군가가 참석할 수 없게 되면 나머지 사람들은 몹시 안타까워 하였다.

유스티노스 성인은 그의 첫 변론서 67장에서 참으로 놀라운 사실들을 기록하고 있다. 그에 따르면 초대 교회에서는 병환으로 사랑의 만찬에 참석하지 못하는 이가 있으면 보제가 그의 집을 찾아가 성체성혈을 모시도록 하였고, 또 감옥에 갇힌 사람들에게는 힘을 북돋워 줄 고귀한 선물 즉, 성체와 성혈이 어떤 수단으로든 반드시 보내졌으며, 여행자들은 이동 중에 모실 성체성혈을 미리 챙겨서 길을 떠났다고 한다.

초대 교회는 거룩한 성찬을 가능한 자주 모시도록 하는 데 특별한 열정을 쏟았으며, 이를 거룩한 규범으로 제정하고 교인들로 하여금 잘 지키도록 하였다.

제6차 공의회에서 인정된 <사도들의 규범> 제8조와 제9조는 성찬에 자주 참여하는 것이 교인의 의무라고 규정한다.

제8조는 "만일 주교나 사제나 보제나 기타 성직자 명단에 있는 이들이 성체성혈을 모시지 않을 때는 그 이유를 밝혀야 한다. 이유가 타당할 경우에는 용서를 받지만, 그렇지 않을 때는 교인들에게 해를 끼친 죄로 파문된다"라고 규정하고 있다.

제9조는 교인들은 성찬을 모셔야 할 의무가 있음을 규정하면서 "교회에 와서 성서 말씀을 들은 사람이 기도와 거룩한 영성체 시간까지 남아 있지 않고 미리 떠날 때에는 교회의 질서를 어지럽힌 죄로 파문된다"라고 기록되어 있다.

이 두 규범은 초대 교회가 사제들뿐만 아니라 교인들도 자주 성체성혈을 모시도록 요구하였음을 보여 준다고 조나라스 교수는 해석한다.

안티오키아 공의회의 제2규범은 사도들의 규범 제9조를 보완하여 설명하고 있다.

> "성찬예배에서 성가와 기도, 그리고 온갖 영적인 승화에 참여하였으면서도 하느님과 하나가 되는 성체성혈을 모시지 않는 것은 마치 배가 목적하던 항구를 눈앞에 두고 갑자기 뱃머리를 돌리는

것과 같으며, 다볼산 꼭대기에 올라갔으면서도 그곳에 계시는 그리스도와 이야기를 나누지 않는 것과 같다."

또한 계속해서 "교회에 와서 성서 말씀을 들은 사람이 감사의 성사를 회피하였을 경우 회개를 하고 고백성사를 드리고 용서를 구해야만 용서를 받는다"라고 규정한다.

아토스 성산(聖山)의 니코디모스 성인은 <사도들의 규범> 제9조를 해석하면서 다음과 같이 적었다.

"이 조항은 교인들에게 성체성혈을 자주 모실 것을 권면한다. 거룩한 사도들이 무엇 때문에 교인들이 실행하기에 불가능한 일을 규범으로 정하려고 했겠는가?"

이처럼 초대 교인들은 사도들의 거룩한 규범에 순종하여 거룩한 감사의 성사를 생활의 기초와 구심점으로 삼았다.

감사의 성사, 성체성혈에 대한 이런 열망은 순교자들의 생활에서 더욱 뚜렷하게 나타난다. 또한 카타콤의 습기 가득한 벽, 그리고 생명 없는 돌 위에까지 초대 교인들의 이와 같은 열망이 뚜렷하게 그려져 있다. 일리아스 마스트로야노풀로스 대신부는 『순교자들의 교회』라는 책에서 이렇게 썼다.

> "초대 교회에 발을 들인 사람이 제일 처음으로 느끼는 강렬한 감정은 세례를 받고 싶다는 열망이었으며, 세례를 받고 난 후의 생활은 온통 성찬에 대한 생각으로 가득 차 있었다. 초대 교인들은 오직 성찬에 대한 열망만을 간직한 채 온 생애를 살았다고 말해도 과장이 아니다. 초대 교인들이 집회를 가졌던 장소들, 특히 카타콤은 천상의 양식에 대한 상징적인 그림으로 가득 차 있다. 그러나 초대 교인들의 성찬에 대한 잦은 열망은 단지 그림 속에만 나타난 것은 아니다. 그들은 이를 실제로 실천하였던 것이다. 이그나티오스 성인이 에페소인들에게 충고하였던 '여러분들은 하느님의 감사

의 성사에 좀 더 자주 임하도록 하십시오'라는 말씀대로 초대 교인들은 매일 감사의 성사를 드렸다. 단지 주일만이 아니라 평일에도 그들은 성체성혈을 모셨다."

카르타고의 순교자들이 안토니오스 총독 앞에서 죽음을 무릅쓰고 용감하게 고백하였던 신앙, 즉 "우리는 주님의 성찬을 영하지 않고는 살 수가 없습니다. 신성한 감사의 성사가 없다면 그리스도인은 존재할 수가 없습니다"라는 고백은 우리로 하여금 경탄하지 않을 수 없게 만든다.

카르타고의 순교자들의 이 위대한 선포는 초대 교회의 모든 교인의 감정과 열망을 대변하는 표현이다.

그리스도를 믿는다는 이유로 투옥되어 죽음을 기다리던 사람들이 성체성혈을 모시는 순간은 참으로 감동적이었다. 그때 감옥은 환희의 장소로 변했다. 성체성혈을 모시는 그들은 아무것도 두렵지가 않았다. 자신들을 태워 죽일 불도 겁내지 않았으며, 원형 경기장의 표범이나 사자도 무서워하지 않았다.

나이 어린 타르시지오스는 투옥된 사람들에게 고귀한 선물을 전달하려다 붙잡혔지만 야만적인 이교도인들이 두렵지 않았다. 품속에 전능하신 분을 안고 있는데 도대체 누구를 두려워한단 말인가!

"열두 살의 타르시지오스는 가슴속에 거룩한 예물을 안고 있었다.

피에 주린 개들이 주위에서 으르렁거렸지만 타르시지오스는 그 고귀한 예물을 던져 버릴 수가 없었다.

그것을 결코 모욕 속에 던질 수가 없었다.

'오! 하느님, 어떻게 그런 짓을 할 수 있단 말입니까!'

사람들이 그를 때리고 상처를 입힌다 해도 그는 거룩한 예물을 안은 채 죽을 작정이었다!"

시인 베리티스

루키아노스 순교사제는 죽음을 앞두고 감옥 안에서 자신의 가슴을 거룩한 제단으로 삼아 마지막 성찬예배를 드렸다고 한다.

그는 곧이어 무시무시한 죽음이 자신을 기다리고 있음을 잘 알고 있었다. 그리고 성찬예배 이외의 방법으로는 도저히 그 끔찍한 죽음을 태연하게 맞을 수 없다는 사실도 알았다. 그랬기에 그는 마지막으로 성찬예배를 올렸던 것이다. 이 장면에서 어느 누가 감동하지 않고, 경탄하지 않을 수 있겠는가!

거룩한 성찬에 대한 열망이 모든 교인을 하나로 결집시키고, 그들의 믿음을 단단하게 하며, 그들의 신앙에 불을 지폈다.

맹수에게 던져질 사람, 화형에 처해질 사람, 망나니의 칼에 목이 잘릴 사람, 그리고 처절한 고문을 눈앞에 두고 있는 사람 그 어느 누구도 죽음을 두려워하지 않았고, 끔찍한 순교 앞에서 잠시도 주저하지 않았다.

그들은 감사의 성사를 통해 교회로부터 받은 튼튼한 무기로 무장했고, 그들의 영혼은 그리스도에 대한 생각으로 충만했기 때문이었다.

이그나티오스 성인은 맹수의 밥이 되기 위해 로마로 끌려가면서 자기를 구하려고 사방으로 애를 쓰는 사람들에게 이렇게 써 보냈다.

> "나를 위해 돌아가신 그분을 나는 원합니다. 그리스도의 몸을 나는 원합니다. 그리스도의 몸만을 원할 뿐, 그 외에는 아무것도 바라는 것이 없습니다. 생명도 자유도 바라지 않으며, 비록 내가 여러분을 사랑하기는 하지만 여러분과 함께 있는 것도 원하지 않습니다. 내가 원하는 것은 오직 '그리스도의 몸' 그것뿐이기 때문입니다. 지상의 양식과 기쁨만으로 나는 만족하지 않습니다. 그리스도의 몸인 하느님의 빵에 굶주려 있고, 영원한 사랑이시며 영원히 변하지 않는 사랑 그 자체이신 그리스도의 피에 나는 목말라 있습니다."

그는 바로 이런 정신 안에서 "여러분들은 좀 더 자주 하느님의 감사의 성사에 임하도록 하십시오"라고 에페소인들에게 써 보냈으며, 즈미르니(이즈미르)의 교인들에게는 "여러분들은 모두 은혜 속에서 모여 하나의 믿음으로 불멸의 양식인 하나의 빵을 나누어 먹음으로써 그리스도 안에서 죽지 않고 영원히 살도록 하십시오"라고 써 보냈다.

성체성혈에 대한 열망과, 성찬이 교인들에게 주는 막강한 힘에 대한 믿음은 사도들과 교부들의 모든 저서와 변론 속에 표현되어 있다.

카르타고의 순교자 키프리아노스 주교가 쓴 편지 제37의 제2장에는 다음과 같은 내용이 있다.

> "죽음의 전장 속으로 돌진해야 하는 그 사람들을 무기도 없이 벌거벗긴 채 보낼 것이 아니라, 주님의 몸과 피로 무장시켜 내보냅시다…. 교회에서 앞서 주님의 잔을 마시게 하여 준비시키지 않는다면, 어떻게 그들이 장차 순교의 잔을 용감하게 마실 수 있단 말입니까?"

초대 교인들이 품었던 신념, 즉 주님의 몸과 피는 인간에게 절대적으로 필요한 양식이며, 따라서 성체성혈을 자주 모실수록 우리에게 유익하다는 생각은 이후 모든 그리스도인의 믿음으로 이어졌다. 이는 소위 그리스도교의 '황금 시대'라고 불리는 교부들의 시대에 이르러 그 절정에 달했다.

3세기에 살았던 알렉산드리아의 클리미스 성인은 『누가 구원받은 부자인가』라는 저서에서 그리스도의 말씀을 이렇게 기록했다.

> "나는 너희에게 양식을 공급하는 자이다. 내 자신을 빵으로 주나니, 이것을 먹는 사람은 누구도 죽음을 맛보지 않을 것이며 영생을 누릴 것이다."

알렉산드리아의 키릴로스 성인도 다음과 같이 주장하였다.

> "교회에 가서 성체성혈을 모시는 일을 게을리하는 사람들, 그리고 오랫동안 성체성혈과 멀어져 있던 사람들은 자신이 영원한 생명을 받지 못하고 있다는 사실을 깨달아야만 한다. 그들은 짐짓 경건한 마음 때문에 성체성혈을 모시지 않는다고 말하지만, 그럼으로써 그들의 영혼은 더욱더 상처 입고 영원히 치유되지 않은 채 남아 있을 것이다."

요한 크리소스토모스 성인도 이렇게 덧붙인다.

> "교회에 와서 성가와 기도에 참여하고 나서도 성체성혈을 모시지 않는다는 것은 마치 식사에 초대받은 손님이 손을 씻고 자리에 앉아 먹을 준비를 다 하고서도 음식에는 손도 대지 않음으로써 주인을 모욕하는 것에 비유할 수 있다. 그럴 바에야 차라리 오지 않은 편이 나았을 것이다."

대(大) 바실리오스 성인은 감사의 성사에 대한 중요성과 성체성혈을 자주 모셔야 하는 필요성을 특별히 강조한다.

> "매일 성찬예배에 참여하여 그리스도의 몸과 피를 먹고 마시는 것은 대단히 유익하고 좋은 일이다. 왜냐하면 생명의 성찬에 끊임없이 참여하는 것이 다름 아닌 장수의 비결이라는 점을 아무도 의심할 수 없기 때문이다." (대 바실리오스 성인의 93번째 편지)

사람들이 매일 성체성혈을 모시는 일을 방해한다면 어떻게 해야 하느냐는 질문에 대해 대 바실리오스 성인은 이처럼 답하였다.

> "여러분들은 주님이 원하시는 것을 행하십시오. 주님께서는 여러분들이 자주 성체성혈을 모실 것을 원하고 계십니다. 따라서 여러분은 주님께서 원하시는 대로 해야지 다른 사람들의 말을 들어서는 안 됩니다."

그리고 이어서 성인은 자신의 교구에 속한 교인들은 일주일에 네 번씩 성체성혈을 모신다고 말하였다.

신학자 그레고리오스 성인은 교인들이 성찬의 가치와 유익함을 깨닫도록 하기 위해 이렇게 썼다.

> "합당한 준비를 한 후 영하는 그리스도의 몸은 전쟁터에서 싸우는 사람들에게는 무기가 되며, 병자에게는 약이 됩니다. 그렇기 때문에 성체성혈을 영하고 나면 우리는 보다 온순해져서 자신의 잘못을 바로잡고 싶은 마음이 듭니다. 또한 고통이 다가와도 보다 참을성 있게 기다리면서 주님의 은

총이 우리 안에서 역사하게 되기를 더욱 뜨겁게 바라게 됩니다."

또한 그레고리오스 성인은 다른 곳에서 자신의 생각을 보완하여 이렇게 썼다.

"계명을 지키지 않으면 덕행을 행했다고 말할 수 없습니다. 또한 성체성혈을 모시지 않으면 우리가 계명을 지킨다고 말할 수 없습니다. 따라서 성체성혈을 모시지 않을 때에는 덕행을 위한 우리의 모든 노력이 허사가 되고 맙니다…. 그러나 하느님의 뜻에 따라 행해진 노력은 인정되며, 덕행도 유익한 것으로 인정됩니다. 하느님의 뜻이라 함은 우리가 '나의 살을 먹고 나의 피를 마시는 사람은 영원한 생명을 얻는다'라고 하신 주님의 말씀에 따라 행동하는 것을 말합니다."

요한 크리소스토모스 성인도 "한 번 해서 좋은 일은 여러 번하면 더 좋지 않겠습니까?"라고 반문한다. 아래는 성인이 감사의 성사에 대해 피력한 주옥 같은 견해를 간추린 것이다. 영적인 생활을 해 나가는 독자들이 거룩한 교부의 열망과 정신을 드러내는 이 글귀들을 마음 깊이 새기고 길잡이로 삼길 기대한다.

"주님의 피는 우리 안에서 들끓는 온갖 더러운 벌레와 뱀들을 죽이는 힘이 있습니다…. 그러므로 깊은 믿음과 담대함을 지니고 주님의 성체성혈을 모시면 그 어떤 병이라도 말끔하게 사라질 것입니다."

"주님의 피는 우리 영혼을 구원하고, 우리의 영혼은 주님의 피에 씻겨야만 아름답게 단장되고 열정으로 달아오르고 빛나게 됩니다. 주님의 피는 우리의 두뇌를 빛보다 더욱 빛나게 하여 황금보다도 더 큰 기쁨을 우리의 영혼에 가져다줍니다. 바로 이 피가 흘려짐으로써 우리는 하늘 위를 걸을 수 있는 능력을 얻게 되었습니다."

"구세주의 피는 우리 영혼이 말라죽지 않도록 물과 영양분을 끊임없이 공급하며 큰 용기를 불어

넣어 줍니다. 주님의 피는 또한 우리로부터 마귀를 멀리 쫓아 버리며, 천사들과 천사들의 지배자이신 주님을 우리 곁으로 불러들입니다."

"여러분들은 마귀를 직접 불러 물어 보십시오. '어디에서 그처럼 치명적인 상처를 입었으며, 어째서 이제는 힘이 예전만 못하며, 누구에게 그처럼 패배를 당했느냐'고…. 그러면 마귀는 이 모든 것이 다 십자가에 못 박히신 그분의 몸 때문이라고 대답할 것입니다. 그분의 몸 때문에 마귀의 몸은 가루가 되었고, 머리는 깨졌으며, 힘과 권력은 조롱거리가 되고 말았습니다."

"과연 어느 목자가 자신의 살로 양떼를 먹입니까? 심지어는 아이를 낳은 어머니조차 그 아이를 다른 사람이나 유모의 손에 맡기는 경우가 많습니다. 그러나 주님께서는 절대로 그렇게 하지 않으십니다. 주님은 자신의 피로 우리를 먹이시며, 온갖 방법으로 우리를 당신과 하나로 결합하십니다. 교회의 여러 성사를 통해 주님께서는 교인들과 하나가 되십니다. 그리고 영적으로 새로 태어난 사람들에게 당신의 살을 먹이시며, 절대로 남에게 맡기지 않으십니다."

"주님의 성찬에 참여한다는 것은 무엇을 의미합니까? 그것은 바로 우리가 주님과 하나가 되는 것을 의미합니다. 물론 주님은 머리가 되시며 우리들은 몸이 됩니다. 그래서 우리는 한 몸을 이루고 하느님의 유산을 나눠 받게 될 공동 상속자들이 됩니다. 우리는 주님의 살과 같은 살을 가지며, 주님의 뼈와 같은 뼈를 갖게 됩니다. 신성한 감사의 성사를 통해 우리 모두는 주님과 같은 본질을 얻습니다."

그런데 교인들이 성찬식을 통해 거룩해지기 위해서는 영적인 준비와 노력이 반드시 선행되어야 한다고 거룩한 교부들은 강조한다.

요한 크리소스토모스 성인은 성찬이 우리 영혼에 유익한 작용을 하기 위해서는 무엇보다 먼저 양심을 깨끗이 해야 한다고 말한다.

"깨끗한 양심으로 영적인 식탁에 참석할 때 그리스도의 희생 제사는 우리를 독수리로 변형시켜 넓은 창공을 마음껏 날아다닐 수 있게 해 줍니다."

"죄인은 그 누구도 성체성혈을 모셔서는 안 됩니다. 아니, 죄인이 아니라 죄인으로 남아 있는 사람, 즉 고백성사를 드리지 않고 회개를 하지 않음으로써 죄를 그대로 간직한 사람은 그 누구도 감사의 성사에 접근해서는 안 됩니다."

이는 참된 회개와 진실된 고백으로 미리 준비하지 않은 사람은 성체에 가까이 가지 말라는 의미이다.

"각 사람은 자신을 살피고"라는 구절의 의미를 해석하면서 요한 크리소스토모스 성인은 이렇게 충고한다.

"열이 나거나 배가 몹시 아프면 우리는 식탁에 가까이 가지도 않으며 음식을 먹지도 않습니다. 음식을 먹음으로써 상태가 더욱 악화될까 두렵기 때문입니다. 이와 마찬가지로 점잖지 못한 욕망에 사로잡혀 있을 때 우리는 결코 거룩한 식탁에 접근해서는 안 됩니다. 이런 욕망은 고열이 육체에 끼치는 것보다 훨씬 더한 해악을 영혼에 초래하기 때문입니다. 점잖지 못한 욕망이라는 것은 단지 육체적인 욕망이나 돈에 대한 탐욕, 남에 대한 원한이나 분노만을 의미하는 것이 아니라, 일반적으로 죄가 되는 모든 욕망을 의미합니다. 따라서 영혼을 깨끗이 단장하지 않았거나 진정으로 바라는 마음이 없을 때는 거룩한 식탁에 다가가지 마십시오. 하지만 영혼이 진정으로 참회하여 모든 것이 준비된 사람은 주저치 말고 반드시 거룩한 식탁에 참여토록 하십시오. 선한 일을 행하며 경건하고 나무랄 데 없는 생활을 하는 사람은 매일을 축일로 지낼 수 있으며, 또 매일 성체성혈을 모실 수 있습니다."

단 한 번의 금식은 비록 그 금식이 여러 날에 걸친 것이라 할지라도 인간의 죄를 전부 씻기에는 충분치 않다고 요한 크리소스토모스 성인은 말한다.

"여러분은 바로 얼마 전에 영적인 식탁에 참

석하고서도 또다시 구정물을 입에 넣으려고 합니까? 희생 제사를 통해 향기로워진 입에서 다시 악취가 풍기도록 하시렵니까? 일 년에 한 번 성체성혈을 모시고 사십일 간 금식을 했다고 일 년치의 죄가 모두 깨끗해지리라고 생각하십니까? 성체성혈을 모신 지 일주일도 안 되어 또다시 옛날과 같은 잘못을 되풀이하십니까? 영혼의 치유를 위해 단지 사십일을 바쳤다고 하느님과 화해할 수 있다고 생각하십니까? 형제 여러분, 그런 우스운 생각은 꿈에도 하지 마십시오. 여러분에게 이런 말을 하는 이유는 그나마 일 년에 한 번 성찬에 참여하는 것을 막기 위해서가 아니라, 여러분들이 깨끗한 영혼으로 좀 더 자주 거룩한 성찬에 참여하게 되기를 바라기 때문입니다."

또 다른 설교에서 요한 크리소스토모스 성인은 이렇게 말한다.

"이제는 이 두려운 식탁에 가까이 갈 시기가 되었습니다. 우리 모두가 맑은 정신과 공손한 자세로 나아갑시다. 우리 중 그 누구도 더는 유다와 같이 입으로 하는 말과 마음속에 품은 생각이 서로 다른 교활한 사람이 되지 맙시다. 그리스도께서는 거룩한 식탁에 계십니다. 다락방에서 제자들과 함께 식탁에 앉으셨던 바로 그분께서 지금 희생의 식탁에 계십니다. 이 고귀한 예물을 그리스도의 몸과 피로 변화시키는 분은 인간이 아닙니다. 그분은 고통의 십자가 위에서 못 박히셨던 그리스도 당신이십니다. 우리 앞에 서 있는 사제는 단지 그리스도의 대변인이며, 그리스도를 대신하여 거룩한 말씀을 우리에게 전하고 있는 것입니다. 하지만 사제의 능력과 은사는 하느님에게서 나온 것입니다…. 그러니 그 누구도 사악한 마음을 품지 않도록 합시다. 우리는 지금 깨끗한 제사에 참석하고 있으니 생각을 정갈하게 가다듬고 영혼을 거룩하게 합시다. 거룩하고 위대한 성찬은 우리의 상처를 치료해주는 약이며, 아무리 사용해도 없어지지 않는 제물이며, 하늘나라로 인도하는 길잡이입니다. 자, 다 같이 경외하는 마음으로 신성한 감사의 성사에 다가갑시다. 하느님께 감사드리고 우리의 잘못에 대해 무릎을 꿇고 용서를 구합시다. 하느님께 뜨거운 기도를 드립시다. 그리하여 우리 자신을 완전히 깨끗하게 한 후에 조용하게 질서를 지키며 다가갑시다. 우리가 가는 곳은 하늘의 임금님 앞이기 때문입니다."

<교리집> 제12장 10항에서 요한 크리소스토모스 성인은 계속해서 이렇게 쓰고 있다.

"성스러운 식탁으로 향할 때, 우리는 서로 사랑하는 마음을 품고서 거룩한 성체로 다가가야 합니다. 그 이유가 무엇이겠습니까? 바로 이런 까닭입니다. 즉, 우리의 육체는 비록 서로 분리되어 있지만 성체성혈을 영하는 순간 우리의 영혼은 하나로 결합됩니다. 그리하여 우리의 모임이, 마치 하나의 마음과 하나의 영혼으로 결합되었던 사도들 시대의 모임처럼 되도록 해야 하기 때문입니다. 초대 교인들처럼 우리의 마음과 영혼이 하나가 되어서 거룩한 성사에 다가가야 하기 때문입니다. 그리스도께서 이 문제에 대해 뭐라고 하셨는지 들어보

십시오. '그러므로 제단에 예물을 드리려 할 때에 너에게 원한을 품고 있는 형제가 생각나거든 그 예물을 제단 앞에 두고 먼저 그를 찾아가 화해하고 나서 돌아와 예물을 드려라.' (마태오 5:23-24) 그리스도께서는 '먼저 예물을 드리고 나중에 형제와 화해하라'고 하시지 않고, '먼저 형제와 화해하고' 그런 다음 예물을 드리라고 하셨습니다. 그러므로 우리는 신성한 감사의 성사의 지극히 고귀한 예물 앞에 서기 전에 먼저 화해를 한 다음에 경외하는 마음으로 다가가야 합니다."

시리아의 에프렘 성인은 수도자들에게 다음과 같이 충고하였다.

"형제 여러분, 조용한 생활 속에서 금식, 기도, 일, 회개에만 전념하십시오. 교부들의 저서와 거룩한 성서를 탐독하며 진리의 말씀에 복종하는 삶을 살아감으로써 우리의 두뇌가 메마른 밭이 되지 않도록, 또 사악한 생각들이 잡초처럼 무성하게 자라는 곳이 되지 않도록 합시다. 성스럽고 지극히 정결한 성사에 참여하기에 합당한 존재로 우리 자신을 만들어야 합니다. 그리하여 우리 영혼 속에 있는 불신과 더러운 생각을 깨끗이 씻어냄으로써 주님께서 우리 안에 머무르시도록 하고, 사악한 마귀로부터 우리를 구원하시도록 해야 합니다."

이런 충고는 모든 그리스도인에게 해당된다.

스투디오스 수도원의 테오도로스 성인은 우리에게 이렇게 충고하고 있다.

"우리는 매일같이 하루 세 끼를 반드시 식탁에 앉아 맛있는 음식과 포도주를 먹어야만 만족합니다. 어쩌다가 한 끼쯤 식사를 거르게 되면 대단히 슬퍼하면서 몹시 억울한 일을 당했다고 느끼지요. 반면에 생명의 빵과 불멸의 포도주가 놓인 영적인 식탁에는 아무리 오랫동안 가까이 가지 않아도 그것이 잘못된 일이라고 생각지 않으며, 신경조차 쓰지 않습니다. 그러나 거룩한 성찬이 얼마나 큰 용기와 은혜를 주는지 우리 모두는 잘 알고 있습니다. 그러니 가능한 한 자주 우리 자신을 깨끗하게 하고 계속해서 성체성혈을 모시도록 합시다…. 성찬에 빈번히 참여할수록 우리에게 도움이 되는 것이 확실합니다. 반면에 성체성혈을 자주 모시지 않으면 언제라도 욕망의 노예가 될 위험이 뒤따릅니다. 성찬에 잘 참여하는 것은 영원한 생명으로 우리를 인도하는 좋은 계기가 될 것입니다."

알렉산드리아의 키릴로스 성인은 말한다.

"교회와 성찬을 멀리하는 사람들은 하느님의 적이 되며 마귀의 친구가 됩니다."

그레고리오스 팔라마스 성인은 감사의 성사를 통해 교인과 그리스도가 결합하는 것과 결혼을 통해 부부가 결합하는 것의 차이를 비교하면서 다음과 같이 말하였다.

"결혼을 통해 부부가 된 남녀는 육체적으로는 하나가 될지 모르지만 영적으로는 하나가 되지 못합니다. 하지만 우리 그리스도인들은 성찬식에서 주님의 몸인 이 빵을 함께 나눠 먹음으로써 그리스도와 육체적으로 한 몸이 될 뿐만 아니라 영적으로도 하나가 됩니다. 우리에 대한 하느님의 이 측량할 수 없이 큰 사랑은 성찬을 모심으로써 우리에게 전달되며, 그것은 곧 하느님의 끝없는 사랑을 우리가 실제로 경험하게 되는 것입니다."

고백자 욥 수도자는 성찬에 자주 참여하는 것과 관련하여 이렇게 말하였다.

> "참된 그리스도인이라면 마땅히 자주 성찬을 모심으로써 자신을 끊임없이 거룩하게 만들어야 합니다. 또한 그리스도인은 호흡의 필요성보다도 성찬의 필요성을 더욱 절실하게 느껴야 마땅합니다."

콘스탄티노플의 게나디오스 총대주교는 아담과 하와의 타락을 초래한 그 음식과 성찬의 음식을 비교하면서 이렇게 말한다.

"우리 선조들을 타락시켰던 그것도 음식이었으며, 이제 우리를 구원해 주는 거룩한 성찬도 음식입니다. 그런데 그때는 하느님께서 먹어서는 안 된다고 금지하신 음식이었지만, 이 거룩한 성찬은 하느님께서 우리에게 직접 주셨을 뿐만 아니라 자주 먹으라고 권하시기까지 합니다. 또한 그때 그 음식을 먹으라고 유혹한 자는 마귀였고, 이 거룩한 성찬에 참여하라고 가르치시는 분은 하느님의 아들이십니다. 그분께서는 스스로 우리의 종이 되시어 우리가 성찬을 먹을 때 시중을 들어 주시지요. 우리 선조들이 먹었던 음식에는 불복종의 약이 숨겨져 있었으나, 거룩한 성찬 속에는 그 가치를 알 수 없는 귀중한 보물이 숨겨져 있습니다."

신(新) 신학자 시메온 성인은 감사의 성사를 모시고 난 후 우리의 영혼과 육체에 일어나는 변화에 대해 다음과 같이 찬양하였다.

"불결하고 덧없는 저의 이 몸이 당신의 정결한 몸과 하나가 되고 저의 더러운 피가 당신의 깨끗한 피와 하나가 되었으므로, 이제 저는 당신의 신성과 결합하였으며, 당신의 정결한 몸의 일부가 되었습니다. 이제 진정으로 멀리서 보아도 수정처럼 빛나는 거룩한 당신의 몸의 일부가 되었습니다. 저는 제 자신이 당신의 은혜로 아름다워진 것을 봅니다. 당신의 눈부신 위대함이 당신의 은혜로 내 안에 반사되는 것을 보면서 말로 표현할 수 없는 매혹에 사로잡혀 저의 눈은 황홀경에 빠집니다. 그리고 과거의 제 모습이 어떠했는지를 너무도 잘 알고 있기에 '무슨 놀라운 기적이 일어나서 내가 이처럼 변했을까'라고 스스로 자문해 봅니다. 또한 제 안에는 당신이 계시기에 당신을 대하는 기분으로 저는 제 자신을 존경하며 공경하고 두려워하기 시작합니다. 그리고 당신의 일부가 된 제 몸을 무슨 일에 쓰며 어떤 활동에 사용해야 할지를 알지 못해 저는 당황하고 있습니다. 당신께서 주신 이 두렵고 성스러운 선물을 훌륭한 일에 써야 함을 저는 알고 있기 때문입니다."

아토스 성산의 니코디모스 성인은 잊힌 정교회

정신을 바로 세우고 교인들이 성체성혈을 자주 모시는 습관을 회복하도록 이끌기 위해『성체성혈을 자주 모시는 것에 대하여』라는 우리의 영혼에 대단히 유익한 책을 저술했다. 이 책에 쓰인 그의 현명한 생각을 아래에 몇 가지 소개하고자 한다.

> "교인 여러분, 사랑할 대상으로서 그리스도보다 더 나은 분이 누구이며 또 성체성혈을 자주 모시는 것보다 더 기쁜 일이 무엇입니까? 여러분은 매일을 축일로 지내고 싶으십니까? 이 비참한 생활 속에서 하루하루를 부활절처럼 즐겁게 보내고 싶으십니까? 만일 그러기를 바란다면 합당한 준비를 한 다음 성사에 참여해 성체성혈을 받으십시오. 그러면 매일이 부활절과 같은 축일로 느껴질 것입니다."

> "만일 주님께서 제자들과 함께 최후의 만찬을 나누고 계시던 그때에 제자 중의 하나가 '주님, 저는 오늘 이 성체성혈을 받지 않겠습니다'라고 말했더라면 주님께서는 그에게 뭐라고 대답하셨겠

습니까? 제자들의 발을 씻어 주시며 베드로에게 '내가 너를 씻어주지 않으면 너는 이제 나와 아무 상관도 없게 된다'(요한 13:8)라고 말씀하셨던 것처럼, 성찬식에서 성체성혈을 모시지 않는 사람에게는 '네가 나의 피를 마시지 않는다면 너는 이제 나와 아무 상관도 없게 된다'라고 말씀하실 것입니다."

자신과 동시대의 사람들이 거룩한 성찬에 자주 다가가지 않는 것을 보고 니코디모스 성인은 매우 슬퍼하면서 이렇게 썼다.

"사람들이 진정한 축제이자 잔치인 거룩한 성찬에 잘 참여하지 않으면서도 어떻게 주일이나 축일들을 진정한 기쁨으로 맞이하면서 영적으로 즐거워할 수 있는지 나는 도저히 이해할 수가 없습니다."

"성체성혈을 모실 때 얼마나 좋은 선물을, 또 얼마나 많이 받게 되는지 사람의 머리로 어찌 이해할 수 있으며, 또 이 선물들을 우리의 연약한 혀로 어찌 하나하나 열거할 수 있겠습니까?"

"주님의 피가 우리 영혼을 구원합니다. 이 피로 인해 우리 영혼은 즐거워하고 아름다워지며 또 달아오릅니다. 이 피가 우리 두뇌를 빛보다 더 빛나게 하고, 우리 영혼을 황금보다 더욱 찬란하게 만듭니다. 주님의 몸을 먹는 사람은 하늘나라 왕실의 옷을 입고 하늘나라의 무기로 무장하게 됨으로써 천상의 천사와 대천사와 어깨를 나란히 하게 됩니다. 주님의 몸을 먹는 사람은 임금이신 주님 당신을 의복처럼 입습니다. 성체성혈을 자주 모시면 얼마나 많은 선물을 받는지 여러분들은 이제 잘 알게 되었을 것입니다. 성체성혈을 자주 모시면 우리의 두뇌가 명석해지고, 이치를 깨치며, 영혼이 맑게 정화된다는 것을 여러분은 알게 되었습니다. 육신의 욕망을 죽이고자 한다면 성체성혈을 자주 영하십시오. 그러면 여러분이 바라는 대로 될 것입니다."

"성체성혈을 자주 모시지 않으면 욕망으로부터 해방되어 무욕의 고지로 올라갈 수가 없습니다. 우리 주님의 고귀한 몸과 피를 자주 먹고 마시지 않으면 우리는 마귀로부터 벗어날 수가 없습니다. 하느님께서는 우리 그리스도인들이 그분의 몸과 피를 자주 먹고 마시길 원하십니다. 그럼으로써 우리가 악마의 계략이나 유혹에 빠지지 않기를, 또 생을 마치는 순간에도 우리의 영혼이 공중에 있는 사악한 영의 방해를 받지 않고 비둘기처럼 자유롭게 훨훨 날아오르기를 바라시기 때문입니다."

마지막으로 니코디모스 성인은 모든 교인에게 다음과 같이 호소하면서 말을 맺는다.

"형제 여러분, 우리의 영적인 눈이 활짝 열려, 성체성혈을 모시지 않음으로써 귀중하고 큰 선물을 놓치고 있음을 깨닫는다면 얼마나 좋겠습니까! 또 가능하다면 우리가 합당한 준비를 갖춘 후에 매일 성체성혈을 모실 수 있다면 그 얼마나 좋겠습니까! 우리는 이제까지 거룩한 성찬을 너무 멀리하고 외면해 왔습니다. 같은 형제로서 간곡히 부탁하고 호소하니, 이제부터라도 나태의 깊은 잠에서 깨어나 열렬한 마음으로 성체성혈을 모시는 부지런 한 삶을 살도록 합시다."

니콜라스 카바실라스 성인은 『성찬예배 주해』라는 책에서 이렇게 썼다.

"만일 누군가가 할 수 있음에도 불구하고 일부러 성찬의 식탁에 다가가지 않을 경우, 그는 거룩한 예물이 주는 성화(聖化)를 결코 받을 수가 없습니다. 그 이유는 단순히 그가 식탁에 다가가지 않았기 때문이 아니라 할 수 있었음에도 불구하고 이를 피했기 때문입니다. 이런 행동은 자신의 영혼이 성찬에 대해 좋은 생각을 품지 않고 있음을 스스로 폭로하는 것입니다. 성찬에 쉽게 다가갈 수 있으면서도 스스로 원해서 하지 않는 사람에게 성찬에 대한 무슨 열성과 갈망이 있다고 말할 수 있겠습니까? 주님의 말씀 속에 스며 있는 경고를 도무지 무서워하지 않는 사람에게, 또 이 성찬을 무시하는 사람에게 하느님에 대한 무슨 믿음이 있다고 말할 수 있겠습니까? 취할 수 있음에도 불구하고 주님의 몸을 취하지 않은 사람이 어떻게 주님을 사랑하고 있다고 우리가 믿을 수 있겠습니까?"*

이어서 카바실라스 성인은 『그리스도 안의 삶』이라는 책에서 성찬에 대해 이렇게 말한다.

"우리는 죄로 인해 죽을 몸이지만 주님의 몸은 우리에게 생명을 주며 주님의 피는 죽음의 행적을 우리의 양심으로부터 깨끗하게 제거해 줌으로써 우리로 하여금 살아 계신 하느님을 경배케 합니다."

성체성혈을 자주 모실 때 우리가 얻는 이득에 대해서 그는 이렇게 적고 있다.

"거룩한 식탁이 우리에게 주는 유익함이 얼마나 많은지 모릅니다. 거룩한 식탁은 사형선고로부터 우리를 자유롭게 해 주며, 죄로 인해 느끼는 우

* 성 니콜라스 카바실라스, 『성찬예배 주해』, 정교회출판사, 2023년, 160쪽 참조

리의 수치심을 지워 주며, 우리의 모습을 다시 아름답게 해 주며, 우리를 주님과 혈연보다도 더욱 가까운 관계로 이어 줍니다. 한마디로 말해서 우리를 완전한 존재로 회복시켜 줍니다."

성인은 같은 책에서 감사의 성사가 주는 유익함과, 그 외의 다른 성사들이 주는 유익함을 비교하면서 이렇게 강조한다.

"다른 성사들을 통해서도 우리는 그리스도를 만날 수 있습니다. 하지만 다른 성사에서는 그리스도와 우리의 완전한 일치와 결합은 일어나지 않습니다. 오직 감사의 성사를 통해서만 우리는 그리스도와 한 몸이 되고 공존하게 됩니다. 그리스도와 하나의 몸이 되고 하나의 정신이 되며, 우리가 주님 안에 머물며 또한 주님이 우리 안에 머무시게 되는 것은 바로 감사의 성사에서만 가능합니다. 그렇기에 의인들은 주님 당신이 직접 시중드는 성찬에 참여하는 행복을 누린다고 주님께서는 말씀하셨습니다."

"하느님과 인간 사이에 완전한 친교를 이루게 하는 것은 성찬식입니다. 우리는 이 성찬식을 경배라고 부르거나 우리가 하느님의 양자가 되는 예식이라고 불러야만 합니다. 아니면 그 둘 다라고 불러야만 합니다. 이 성찬식은 그리스도와 우리 사이를, 우리를 낳아 주신 부모와의 사이보다도 더욱 가깝게 만들어 놓습니다. 왜냐하면 부모는 우리에게 연약한 육체와 몇 가지 유전인자를 물려주는 데 그치지만, 그리스도께서는 성찬식을 통해 우리와 완전히 하나가 되시며 생명 그 자체를 전해 주시기 때문입니다."

"신성한 감사의 성사는 거룩한 예물을 그리스도의 몸과 피로 변화시키며, 이는 교인들이 이 몸과 피를 통해 거룩해지도록 하기 위해서입니다."

그레고리오스 팔라마스 성인은 이렇게 힘주어 말한다.

"오! 이는 진정으로 놀라운 기적입니다. 성찬

을 통하여 주님께서는 사람들 하나하나와 당신의 몸을 섞으심으로써 인간적인 속성과 결합되시며, 또한 우리들과 한 몸이 되십니다. 그리하여 우리를 신성한 성전으로 변화시키십니다."

크론스타트의 요한 성인은 두려운 성찬에 접근하려는 교인들에게 다음과 같은 따뜻한 충고를 하고 있다.

> "형제 여러분, 거룩한 성찬을 모시기 위해 준비하는 사람들은 혹시 죄에 대해 무감각해지지 않았나 반성해 봅시다. 혹여나 우리 마음이 교만해져서 '나는 죄를 용서받아야 할 필요를 느끼지 못해. 나는 죄를 저지르지도 않았고 죄인이라고 느끼지도 않아' 또는 '내가 지은 죄는 사람이라면 모두가 범하는 아주 사소한 것들 뿐이야'라고 생각하고 있지 않은지 반성해 보도록 합시다. 이는 마귀의 교만함과 같은 것으로서, 마귀가 바로 이런 말들을 우리 안에서 지껄이고 있는 것입니다. 우리가 저지른 수많은 잘못을 진심으로 깊이 뉘우치도록 합시

다. 참회의 눈물을 흘림으로써, 우리의 많은 잘못으로 인해 깊이 슬퍼하시는 주님께 용서를 구합시다."

요한 성인은 정결한 주님의 몸과 피를 영한 후 자신이 겪은 개인적인 체험을 이렇게 묘사했다.

"호흡을 할 때 비록 눈에 보이진 않아도 공중의 공기가 우리 폐 속으로 들어간다는 것을 우리는 확신합니다. 이와 마찬가지로 거룩한 성찬을 모시면서 우리가 안으로 맞이하는 분은 우리의 숨이며, 생명이며, 기쁨이며, 구원이신 주 예수 그리스도 바로 그분이라는 사실을 우리는 확신합니다. 그분은 우리가 호흡하는 공기 중에서 가장 귀중한 공기이시며, 우리가 하는 말 중에서 가장 아름다운 말씀이십니다. 그분은 우리의 생각이시며, 세상의 어느 음식보다도 향기로운 음식이십니다. 그분은 또한 어떤 과자보다도 더 달콤한 과자이십니다. 그분은 우리의 어머니이시자 아버지이시며, 그 누구도 움직이거나 파괴할 수 없는 단단한 땅이며 안전

> 한 피난처이십니다. 그러나 우리는 그분 안에서 우리가 살고, 움직이고, 존재한다는 사실을 쉽게 잊습니다. 그리하여 그분께서는 신성한 감사의 성사를 제정하시어 우리를 영원한 생명으로 인도하는 당신의 몸과 피를 먹고 마심으로써 '당신을 통하여 영원히 살도록' 하셨습니다."

우리도 요한 성인을 따라 "그리스도는 어느 과자보다도 더 달콤한 과자이십니다…."를 반복해 보도록 하자. 모든 그리스도인이 요한 성인이 느꼈던 것과 같은 달콤함을 성찬에서 느낀다면 얼마나 좋겠는가!

20세기의 성인, 에기나의 넥타리오스 주교는 인간의 영혼이 거룩한 성찬으로부터 받게 되는 결실과 은혜를 강조한다.

> "마땅한 준비를 갖추고서 성체성혈을 모신 사람의 마음은 말로 이루 다 표현할 수 없는 기쁨과 즐거움으로 충만해집니다. 그는 자신의 내면이 새롭게 단장되었음을 깨닫고 환희를 느낍니다. 온갖 덕이 그의 마음을 장식하고, 그가 바라는 것은 오

직 주님과의 결합일 뿐입니다…. 고귀함과 순결, 그것은 합당하게 성체성혈을 모신 사람에게 내려지는 두 가지 은혜입니다."

많은 사람들이 '주의 기도'에 나오는 "우리에게 필요한 양식을"이라는 구절이 신성한 감사의 성사를 의미한다고 해석한다. 그래서 성찬예배에서 성체성혈을 모시기 조금 전에 교인들이 이 '주의 기도'를 외우도록 결정되었다고 말한다. 모든 교인이 성찬의 참된 가치를 깨닫고 매일의 양식보다도 이 성찬의 필요성이 더욱 크다는 것을 느끼게 된다면 얼마나 좋겠는가!

보로네시의 성인 티혼 주교는 사제들에게 이렇게 말하였다.

"성찬예배에서 '하느님에 대한 경건한 마음과 믿음과 사랑으로 가까이 올지어다'라고 하는데도 불구하고 교인 중에 나오는 이가 아무도 없다면 여러분은 괴로워해야 합니다. 그리스도께서 모든 사람을 당신께로 부르시면서 당신의 고귀한 몸과 피를 양식으로 제공하시는데도 아무도 이 식탁에 다가오지 않았기 때문입니다."

우리가 성찬에 대해 너무 무관심한 것을 안타깝게 생각하며 가슴 깊은 곳에서 터져 나오는 한숨을 내쉬는 한 사제가 여기 있다. 그의 한숨 소리를 듣기 위해 어쩌면 우리는 귀를 더욱 쫑긋 세워야 할 것 같다.

✠ 어느 사제의 한숨

"나의 신랑이시며 희생의 양이시여, 당신의 종인 사제가 오늘 당신의 성찬에 참여하라고 교인들에게 요청했건만 아무도 가까이 오지 않았습니다…. 아무도….

성찬예배는 끝났지만 성찬은 이루어지지 않았습니다.

모든 사람이 등을 돌리고 마치 아무 일도 일어나지 않았다는 듯이 떠나갔습니다.

'하느님에 대한 경건한 마음과 믿음과 사랑으로 가까이 올지어다'라는 부름에 귀를 기울이는 사람은 없었으며, 모두가 마지막 기도를 마치고 집에 돌아가기만을 기다렸습니다.

이제 저는 옛날 골고타 언덕 위에서처럼, 당신께서 거룩한 제단 위에 홀로 벌거벗겨진 채 피에 흠뻑 젖어 있는 것을 봅니다.

오늘은 그 누구도 다정하게 다가와 당신께서 마련하신 이 맛있는 성찬에 참여하려 하지 않았습니다.

비록 늦게 도착한 손님이긴 하나 저를 당신의 외

로운 처소에, 전능하신 십자가가 있는 당신의 식탁에 받아 주소서.

자비로우신 분이시여, 강도와 창녀를 받아 주셨듯이 보잘것없는 저의 동참을 거절하지 말고 받아 주소서…."

사제는 가슴이 아파 한숨을 짓는다. 교인들이 성찬의 가치와 성찬이 영혼에 미치는 영향을 알지 못하기 때문이다. 그래서 그는 또 다른 곳에서 이렇게 쓰고 있다.

> "세례성사가 우리를 교회의 일원으로 만들어 주는 것이라면, 신성한 감사의 성사는 우리를 발전시키고 살찌게 하며 동시에 그리스도와 우리를, 또 우리 교인들 사이를 서로 이어 주는 것입니다.
>
> 사도 바울로는 감사의 성사에 대해 '우리가 그 빵을 떼는 것은 그리스도의 몸을 나누어 먹는 것이 아니겠습니까? 빵은 하나이고 우리 모두가 그 한 덩어리의 빵을 나누어 먹는 사람들이니 비록 우리가 여럿이지만 모두 한 몸인 것입니다'(1고린토 10:16-17)라고 참으로 적절하게 묘사하고 있습니다.
>
> 이처럼 교회는 이 놀라운 성사를 통해 하나로 결합됩니다. 그리고 교회의 일원들은 감사의 성사의 식탁에서 함께 먹음으로써 잘 반죽해 구운 빵처럼 결코 나누어지지 않는 하나의 몸이 됩니다. 그

렇기 때문에 신성한 감사의 성사는 친교의 성사이며, 사랑으로 모두가 연결되는 일치의 성사라고 성 아우구스티노스는 말합니다.

이 성사를 통해서 교인들의 몸은 정말로 그리스도의 몸이 됩니다. 예수님께서 교인들 가운데로 오십니다. 예수님께서 교인들의 음식이 되시며, 각 교인은 예수님과 하나됨으로써 예수님의 몸을 먹은 다른 모든 사람과도 하나가 됩니다. 이런 방법으로 머리이신 그리스도께서는 모든 교인을 하나의 몸으로 묶으십니다. 구세주의 희생은 과거에도, 지금도, 또 앞으로도 반복되며, 하늘에 계신 아버지께서는 이 희생의 제사를 기쁘게 받으십니다.

신성한 감사의 성사는 교회가 거룩하게 되는 가장 훌륭한 수단임에 틀림없습니다. 이 성사를 통해 지상의 교회가 성인들의 교회로 변합니다. 지상의 교회가 천상의 교회와 하나가 되는 것입니다. 바로 그렇기 때문에 신성한 감사의 성사는 교회의 심장과도 같습니다.

뿐만 아니라 신성한 감사의 성사를 통해 일어

나는 또 다른 기적이 있습니다. 아우구스티노스 성인이 '합당하게 그리스도의 몸을 모시면 여러분들은 여러분이 먹은 바로 그것이 됩니다'라고 말했듯이, 우리가 바로 그리스도의 몸이 되는 기적이 일어나는 것입니다.

자연 세계에서 사람이 음식을 섭취하면 그것을 소화시키고 체내에 흡수하여 자신의 살과 피로 만듭니다. 그러나 신성한 감사의 성사를 통한 기적에서는 이와는 반대의 현상이 일어납니다. 다시 말해 자연 세계에서는 동화시키는 힘이 음식을 먹은 우리에게 있지만, 그리스도교에서는 그 힘이 우리가 아닌, 성찬을 통해 우리가 취한 그리스도께 있는 것입니다.

그리스도께서는 우리를 하나로 결합시키고 당신의 생명 속에 우리를 동화시키십니다. 다시 말해서 우리가 주님을 취했을 때 주님이 우리처럼 변하시는 것이 아니라 우리가 주님처럼 변화되는 것입니다."

신학자들의 모임인 '생명' 형제회의 창시자인 에

브세비오스 마토폴로스 사제는 『인간의 운명』이라는 저서에서 이렇게 쓰고 있다.

> "주님께서는 '내 살을 먹고 내 피를 마시는 사람은 내 안에서 살고 나도 그 안에서 산다'(요한 6:56)라고 말씀하셨습니다. 이는 성찬으로부터 우리가 얻는 유익함이 대단히 크므로 자주 참여할 것을 권유하시기 위함이었습니다.
>
> 주님께서는 '내 살을 먹었고 내 피를 마셨던 사람은'이라고 하시지 않고 '내 살을 먹고 내 피를 마시는 사람은'이라고 말씀하심으로써 우리가 한 번 성찬을 모시는 데 그쳐서는 안 되고, 살아가는 동안 내내 끊임없이 성찬을 모셔야 함을 상기시켜 주셨습니다. 최후의 만찬에서 주님께서 감사의 성사를 전수하실 때 주님과 함께 있었던 사도들은 바로 이런 의미로 주님의 말씀을 받아들였습니다."

이어서 성찬에 자주 참여할 것을 언급한 <사도들의 규범>을 예로 들며, 그리스도인이라면 모두 부활절부터 토마 주일까지의 일주일 동안 매일 성체성혈을 영하라고 교회가 권고함을 강조했다.

암필로히오스 란도비츠 수도사제는 "하느님께서 주시는 빵은 하늘에서 내려오는 것이며 세상에 생명을 준다"(요한 6:33)라는 구절을 해석하면서 이렇게 말한다.

> "여기서 중요한 사실은 주님께서 당신을 하늘에서 내려온 생명을 주는 빵에 비유하신다는 점입니다. 주님께서는 생명의 빵과 당신을 동일시하실 뿐 아니라, 생명의 빵이 바로 당신 스스로의 살이라고 말씀하십니다. 그리하여 '내 살을 먹고 내 피를 마시는 사람은 내 안에서 살고 나도 그 안에서 산다. 살아 계신 아버지께서 나를 보내셨고 내가 아버지의 힘으로 사는 것과 같이 나를 먹는 사람도 나의 힘으로 살 것이다'(요한 6:56-57)라고 말씀하십니다.
>
> 이런 주님의 말씀으로부터 우리가 내릴 수 있는 결론은 빵과 살과 피와 생명과 그리스도는 하나이며 동일한 것이라는 사실입니다. 그리스도께서

는 '세상에 생명을 주시기 위해' 자신의 살, 즉 당신 자신을 주시기로 약속하셨습니다. 그리하여 주님의 살을 먹고 피를 마시는 사람은 영원한 생명을 취하게 됩니다.

따라서 우리가 빵을 먹는 성사는 그리스도께서 우리의 가장 중요한 내면 깊숙이 들어오셔서 우리의 생명이 되시는 성사입니다. 우리는 그리스도의 빵을 먹음으로써 그리스도께서 인간에게 주실 수 있는 모든 것, 즉 생명, 빛, 지식, 용기, 거룩함, 영원함 등을 받게 됩니다. 한마디로 말해서 그리스도의 권능과 은혜가 우리에게 모두 전달되는 것입니다."

아테네 신학 대학의 교수인 아나스타시오스 야눌라토스 주교*는 이렇게 말한다.

"그리스도께서는 단순히 어떤 예언자가 아니시며 이론가도 아니십니다. 그분은 생명 바로 그

* 이후 알바니아의 대주교(1992-2025). 한국어로 번역된 저서로 『세상을 향하여』(정교회출판사, 2016)가 있다.

자체이십니다. 그리스도의 이런 생명은 말이나 이론을 통해 우리에게 전달되는 것이 아니라, 오직 거룩한 성찬을 통해서 전달됩니다.

우리 존재의 모든 부분, 즉 육체적이고 정신적인 부분은 모두 거룩해져야만 합니다. 그렇기 때문에 우리는 그분의 살을 먹고 피를 마셔야 합니다. 주님의 몸과 피를 먹고 마셔야 우리 내부의 모든 것이 변하고 거룩한 신성을 지닌 존재가 됩니다.

이처럼 우리가 하느님의 속성을 공유한 자들이 될 때 '받아먹어라, 이는 내 몸이니라'라고 말씀하신 그분께서 우리에게 다가오셔서 '이 사람의 생활을 보아라. 그는 참으로 나의 몸의 일부이니라. 너희는 그가 하는 말에 귀를 기울여라. 그의 입에서 나오는 말은 나의 말이다. 그의 생활은 나의 생활을 그대로 반영한다. 그는 내 안에 있고 나도 그 안에 있다'라고 자랑스럽게 말씀하실 것입니다."

한편 아테네 신학 대학의 마르코스 시오티스 교

수는 이렇게 말한다.

> "신성한 감사의 성사는 교인들이 성체성혈을 모셔야만 그 본래의 목적이 완전하게 이루어졌다고 말할 수 있습니다. 감사의 성사를 구성하는 두 가지 기본 요소는 예식의 거행과 교인들의 성찬 참여입니다. 바로 그렇기 때문에 우리 정교회의 교부들은 교인들의 성찬 참여가 뒤따르지 않고 예식만 거행된 감사의 성사를 완전한 성사로 보지 않았습니다.
>
> 성찬을 통해, 성찬에 참여한 교인들과 주님 사이에 직접적이고도 본질적인 친교가 이루어집니다. 감사의 성사에 대한 모든 가치는 다름이 아니라 이 친교 속에 있습니다. 그래서 교인들이 신앙 생활을 해 나가는 데 있어서 가장 중요하게 생각하며 꼭 지켜야 할 것이 바로 성찬에의 참여입니다."

파나요티스 트렘벨라스 교수의 <그리스 정교회 성가 모음집>에는 두 개의 성가, 즉 '거북이의 껍질 위에 쓰여진 이집트 성가'와 '크립토페리의 사본에 쓰여진 성가'가 담겨 있다. 이 두 성가는 초대 교인들이 성찬에 대해 어떠한 마음을 품고 있었는지를 드러낸다.

✠ 거북이의 껍질 위에 쓰여진 이집트 성가

1 주님은 하늘의 빵을 인간들에게 주셨습니다.

2 축복된 빵을 우리가 먹습니다. 주님의 거룩한 몸과 고귀한 피를 우리가 취합니다.

3 구원의 잔을 마시고 빵을 먹는 우리는 세상의 모든 것을 만드신 하느님을 찬양합니다.

4 그리스도의 몸과 피를 취한 모든 백성이여, 다 같이 하느님을 높이 찬양합시다.

✠ 크립토페리의 사본에 쓰인 성가

1 주님의 몸이 죄악의 영혼을 태워 버립니다.

2 주님의 몸이 모든 사람의 영혼을 비추어 줍니다.

3 주님의 몸을 만지고, 하혈병을 앓던 여인이 나았습니다.

4 주님의 몸이 가나안 여인의 딸을 고쳐 주었습니다.

5 주님의 몸이 참회의 눈물을 흘리며 다가온 창녀의 더러운 죄를 씻어 주었습니다.

6 주님의 몸을 만진 후 토마는 '당신은 나의 주님이시며 나의 하느님'이라고 외쳤습니다.

7 주님의 몸은 진정 위대하고 지극히 고귀합니다.

아테네 신학 대학의 에방겔로스 테오도루 교수는 이렇게 강조한다.

> "사람들이 뭐라고 말하든 끊임없이 성찬을 모시는 것이 교인들이 지녀야 할 올바른 태도이며, 교인들이 참여하지 않는 성찬이란 있을 수도, 상상할 수도 없는 것입니다."

알렉산더 슈메만 신부의 저서인 『세상에 생명을 주는 예배』로부터 한 문단을 인용해 보기로 하자.

> "성찬을 모실 만큼 가치 있는 사람은 아무도 없으며, 성찬을 모시기에 알맞을 만큼 준비된 사람도 없다. 이것에 있어서 우리의 장점이나 덕이나 헌신 같은 것들은 그 의미를 잃고 사라지고 만다. 생명은 우리에게 아무 조건 없이 마치 선물처럼 주어지기 때문이다. 아담이 다시 천국으로 들어가며 무의미했던 존재로부터 벗어나 만물의 왕으로서 군림하게 된다. 모든 것이 은혜이며 선물이며, 우리가 아무것도 지불하지 않았음에도 불구하고 거

저 주어진다. 따라서 우리가 해야 할 일은 오직 겸손과 순종의 자세로 이 선물을 받아들이며, 기쁨과 감사의 마음으로 '예'라고 대답하는 것이다. 우리가 할 일은 그 이상 아무것도 없으며, 그럼에도 불구하고 성찬을 모시고 나면 우리는 하느님께서 바라시는 존재가 된다."

요한 크리소스토모스 성인, 니콜라스 카바실라스 성인, 『에베르게티노스』*가 우리에게 유산으로 남긴 귀중한 교훈들을 몇 개 더 소개함으로써 교부들의 성찬에 관한 견해를 수록한 두 번째 장을 끝마칠까 한다.

요한 크리소스토모스 성인은 자신과 동시대의 인물이었던 어떤 고행 성인으로부터 들은 일화에 대해 이렇게 적고 있다.

* 『에베르게티노스』(Ευεργετινός)는 사막의 거룩한 금욕 수도자 및 성인들의 금언, 권고, 가르침, 경험을 모은 방대한 모음집으로, 복음의 삶을 진솔하게 살고자 열망하는 모든 세대의 수도자들과 평신자들을 영적으로 양육해 왔다.

"나는 얼마 전에 한 고행자를 만났는데, 그는 자신이 직접 눈으로 보고 귀로 들었다는 아주 이상하면서도 신비로운 이야기를 들려 주었습니다. 그가 말한 내용은 이렇습니다. 죽음을 앞둔 자가 만일 그 전에 미리 양심을 깨끗하게 가다듬고 거룩한 성찬에 참여했다면, 마지막 숨을 거두는 순간 천사들이 주위를 에워싼 다음 팔로 그를 안아 들고 하늘로 인도한다는 것입니다."

니콜라스 카바실라스 성인은 성찬의 은혜가 사후의 삶에서도 우리의 영혼과 동행한다고 말한다.

"우리가 식탁에서 받은 주님의 몸인 이 빵은 다음 세상에서도 구름 위에 모습을 드러내어 모든 사람이 볼 수 있을 것이며, 그 아름다움은 동쪽에서 서쪽까지 번개처럼 빛날 것입니다. 복된 사람들은 이 빛과 함께 살 것이며, 그들이 죽은 후에도 빛은 사라지지 않을 것입니다. 왜냐하면 빛은 성체성혈을 모신 이들을 영원히 뒤따를 것이며, 그들은 저 세상에 도착하는 즉시 자신과 함께 공존하시던 그분을 향해 달려가기 때문입니다.

성찬으로 인해 새로운 삶을 살게 된 사람들에게 일어나는 바로 그것이 머리이신 구세주 그리스도께도 일어납니다. 그리하여 머리이신 그리스도께서는 구름 위에서 빛을 발하시면서 사방에서 자신의 몸의 부분들을 모아들이십니다. 그리고 하느님이신 주님을 중심으로 모여든 사람들이 아름다운 춤을 추는 것입니다….

성찬이 우리를 그분의 몸으로 인도하므로 이 성찬에 참여하지 않고서는 그 누구도 그 몸을 취할 수가 없습니다. 따라서 이 선물을 받지 않고 세상을 떠난 사람들은 저 세상에서 결코 생명을 얻지 못할 것입니다."

『에베르게티노스』는 성체성혈을 모신 뒤 곧 숨을 거둔 자가 어떤 대접을 받게 되는지를 본 환상에 대해 말한다. 그 사람은 자신의 경험을 이렇게 기록하였다.

"성체성혈을 모신 사람이 숨을 거두자 하늘의 천사들이 그의 몸 속에 계시는 그리스도를 맞이하기 위하여 하늘로부터 내려와 죽은 이의 영혼을 데려갔으며, 한편으로는 지상의 천사들이 그리스도를 모신 그 사람을 천국의 문까지 전송하였다. 그리고 천사들은 시편 제24편에 나오는 것과 같은 대화를 서로 나누었다. 지상의 천사들이 천국을 지키는 간수들에게 말하였다. '문을 여십시오. 오래된 문을 여십시오. 영광의 왕께서 들어가십니다.' 그러자 놀란 간수들이 '영광의 왕이 도대체 누구신가?'라고 되물었다. 이에 천사들이 대답하였다. '만군의 주이신 그분이 바로 영광의 왕이십니다.' 이것이 내가 환상 속에서 본 것이다."

마지막 가는 길을 그리스도로 무장하고 떠나는 이는 얼마나 복된 사람인가! 또한 사랑하는 이들이 숨을 거두려 할 때 그들을 놀라게 하고 싶지 않다는 변변찮은 핑계로 천국행 차표를 챙겨 주지 않고 보낸다면 우리는 그들에게 얼마나 큰 잘못을 저지르는 것일까?

세번째 장

성찬을 위한 기도

몇 가지 생각들

1 합당하게 모신 성체성혈은 구원을 보장한다.

2 가장 좋은 기도는 우리가 합당한 준비 없이 성체성혈을 모시는 일이 없기를 하느님께 간구하는 것이다.

3 그리스도로부터 멀리 떨어져 살아가는 것, 성사로부터 또 성찬으로부터 멀리 떨어져 살아가는 것이 큰 죄악임은 의심할 여지가 없다.
그러나 이는 깨끗하지 못한 마음으로 성찬을 모시는 죄악에 비교하면 아주 작은 죄에 불과하다. 왜냐하면 정결치 못한 마음으로 성찬을 모시는 것은 그리스도를 배반하는 행위이자, 그리스도를 모욕하고 그리스도께 직접적으로 욕을 퍼붓는 행위이기 때문이다.

4 하늘에서 반짝이는 그 어떤 별도 성체성혈을 모심으로써 거룩한 은총의 빛을 받은 영혼만큼 찬란하게 빛나지는 못한다.

5 성체성혈을 모시고 나면 인생과, 생각과, 삶의 방향이 달라져야 한다.

성찬을 받기 위한 기도(예식서에서)

1

성 요한 크리소스토모스의 성찬예배에서

자애로우신 주여, 주께 우리의 온 생명과 희망을 맡기나이다. 주의 이름을 부르며 기도하고 간구하오니 우리로 하여금 깨끗한 양심으로 성스럽고 영적인 이 제단에서 행해지는 천상의 성찬에 참여하기에 합당한 자가 되게 하소서.

그리하여 우리 허물과 죄를 사함 받게 하시고 우리에게 성령의 친교를 주시고 하늘나라를 상속받게 하시고 떳떳하게 주 앞에 나아갈 수 있게 하시고 단죄 받지 않게 하소서.

2

성 야고보의 성찬예배에서

우리 하느님 주 그리스도시여, 천상의 빵이시며 온 세상의 양식이시여. 저는 하늘과 당신 앞에 죄를 지음으로써 거룩하고 정결한 당신의 몸과 피를 모실 자격을 잃었나이다. 그러나 당신의 선하심과 오래 참으심으로써 저의 자격을 회복시켜 주소서. 그리하여 제가 비난받지 않고 부끄럼 없이 당신의 거룩한 몸과 고귀한 피를 먹고 마시어 죄사함을 받고 생명을 얻을 수 있게 하소서. 아멘.

3

미리 축성된 성찬예배에서

지혜와 지식의 보고를 은밀히 감추시고, 이 전례식을 우리에게 가르쳐 보이셨으며, 인간에 대한 크신 사랑으로 우리 죄와 사람들의 무지를 위해 주의 은혜를 베풀고 희생제사를 바치도록 우리를 지정하신, 눈으로는 보지 못하는 불가해한 신비의 하느님이시여, 헤아릴 수도 측량할 수도 없는 위대하고, 영광스럽고, 놀라운 일들을 행하시는 보이지 않는 임금이시여, 헤루빔을 옥좌로 삼으신 것처럼, 성부의 외아들이신 우리 하느님께서 이 경이로운 신비 속에 강림하시는 이 거룩한 제단 앞에 선 우리들을 굽어보시어, 우리와 주를 믿는 모든 이들을 더러움에서 해방하시고, 우리의 영혼과 육신을 사라지지 않는 축복으로 거룩하게 하시어, 깨끗한 양심과 부끄럽지 않은 얼굴과 밝은 마음으로 이 거룩한 살과 피를 받아 모심으로써 생명을 얻어, 내 살을 먹고 내 피를 마시는 사람은 내 안에서 살고 나도 그 안에서 살리라고 하신 우리의 참된 하느님 그리스도와 일치되게 하시며, 주의 말씀께서 우리 안에 살고 우리들 사이에 거하시어, 우리로 하여금 지극히 거룩하시고 고귀하신 성령의 성전이 되게 하시고, 생각과 말과 행위에 미치는 마귀의 온갖 간계에서 구원받게 하시며, 주의 마음에 드는 모든 성인들과 함께 우리에게도 언약하신 좋은 것을 얻게 하소서.

4

성체성혈 성사의 까논에서

자비로우신 주여, 당신의 거룩한 몸과 고귀한 피가 영원한 생명을 주는 양식이 되게 하시고 온갖 질병을 쫓는 약이 되게 하소서.

그리스도시여, 비천한 이 몸은 해서는 안 되는 행위를 행함으로써 더러워졌으므로 당신의 성스러운 몸과 피를 먹고 마시기에 합당하지 못한 자가 되었나이다. 그러니 당신께서 저를 성찬에 합당한 사람으로 만들어 주소서.

성모님이시여, 세상을 불쌍히 여기시고 세상에 새로운 생명을 주시기 위해 하늘로부터 내려오신 생명의 빵을 잉태하신 분이시여, 가치 없는 이 몸도 이제 생명의 빵을 맛보고 영원한 생명을 얻도록 도움의 손길을 내밀어 주소서.

자비가 넘치는 분이시여, 당신은 인간의 모습으

로 태어나시어 사멸하는 인간들의 죄를 사해 주시기 위해 기꺼이 희생당하신 분이시나이다. 당신께 애원하오니, 부주의로 인해 제가 저지른 모든 잘못을 용서하소서.

주여, 저의 영혼에 새겨진 수많은 상처를 치유하시고 거룩하게 하심으로써 너무나도 보잘것없는 인간인 저 또한 당신의 성스러운 성찬에 참여하게 해 주소서.

5

성체성혈을 받기 위한 기도 2 (성 대 바실리오스)

주여, 비록 당신의 정결한 몸과 피를 제 안에 모시지만 사실 제게는 그럴 만한 자격이 없으며, 또한 스스로가 죄인임을 분명히 알고 있나이다. 하느님이시며 그리스도이신 당신의 몸과 피의 의미를 충분히 깨닫지 못한 채로 그것을 받아 모심으로써 제가 스스로를 단죄하고 있음도 잘 알고 있나이다.

그러나 당신의 자비로우심에 기대어, "내 살을 먹고 내 피를 마시는 자는 내 안에 거하고 나도 그의 안에 거하나니"라고 말씀하신 당신께 가까이 다가가나이다. 주여, 저를 불쌍히 여기시어 죄 많은 이 몸을 본보기로 벌하지 마옵시고, 당신의 크신 자비로 저를 용서하소서. 그리하여 제가 받아들이는 거룩한 당신의 피가 제 영육을 치유하고, 정화하고, 비추고, 보호하고, 구원하고, 성화하게 하시며, 온갖 악한 생각과 사악한 행위와 마귀의 작용으로부터 저를 멀리 떼어 놓도록 도와 주소서.

또한 이 거룩한 성찬으로써 당신을 사랑하고 증거할 수 있는 용기를 주시어 저로 하여금 당신의 계명을 지키고, 성령의 은총을 얻고, 성령과 친교를 나누게 하소서. 당신의 몸과 피가 제게 영원한 생명을 가져다주고, 제가 장차 당신의 두려운 심판대 앞에 설 때 당신께서 납득하실 만한 변론을 하게 하시며 이로써 처벌을 면할 수 있도록 하여 주소서.

6

성체성혈을 받기 위한 기도 5 (성 요한 크리소스토모스)

주 예수 그리스도시여, 죄로부터 저를 해방시켜 주시고 용서하여 주소서. 또한 보잘것없고 가치 없는 당신의 종에 불과한 이 죄인이 어린 시절부터 오늘 이 시간에 이르기까지 알게 모르게 말과 행위와 생각으로 지은 크고 작은 잘못과 방종을 용서하소서. 저를 가치 있는 자로 만드시어 생명을 주시는 당신의 정결하고 두려운 불멸의 성찬을 단죄됨 없이 제 안에 모실 수 있게 하시고, 죄에서 벗어나 영원한 생명을 얻을 수 있도록 하소서. 저의 육체와 영혼이 깨끗하게 성화되고, 빛을 발하며, 병으로부터 치유되고, 힘을 얻도록 하여 주소서. 제 안의 사악한 생각이 완전히 지워지게 하시며, 밤이면 저를 괴롭히는 어두운 영들의 환상이 말끔히 사라지게 하소서. 당신께 이런 기도를 드리는 것은 권세와 권능과 영광과 경배가 당신의 아버지와 성령과 함께 영원히 당신께 속하기 때문이나이다. 아멘.

7

성체성혈을 받기 위한 기도 6 (다마스커스의 성 요한)

우리 하느님 주 예수 그리스도시여, 오직 당신만이 인간을 죄로부터 자유롭게 하실 수 있는 선하고 자애로운 분이시나니 알게 모르게 제가 지은 모든 잘못을 덮어 주시고, 저로 하여금 단죄됨 없이 거룩하고 영화로우며 정결하고 생명을 주시는 당신의 성찬에 참여할 수 있도록 허락하여 주소서. 저의 죄가 더 이상 불어나지 않게 하시며, 제가 벌을 받지 않도록 하소서. 또한 제가 깨끗하게 되고 성화되어 죽은 후에는 생명과 왕국을 보장받을 수 있게 해 주소서. 그리고 성찬이 저의 영혼을 지켜 주고 보호해 주는 튼튼한 요새가 되게 하시고, 원수를 물리치게 하시고, 또한 수많은 저의 죄를 없앨 수 있도록 해 주소서. 당신은 자비와 자애와 연민의 하느님이시니 당신과 당신의 아버지와 성령께 이제와 항상 또 영원히 영광을 바치나이다. 아멘.

8

성체성혈을 받기 위한 기도 9 (다마스커스의 성 요한)

당신의 성전 문 앞에 도착하면서도 저는 여전히 악한 생각을 머릿속으로부터 떨쳐 버리지 못하였습니다. 그러나 하느님이신 그리스도시여, 당신은 세리를 의롭게 하셨으며, 가나안 여인을 동정하셨고, 강도에게 천국의 문을 열어 주신 분이시나니 당신의 자애를 저에게도 베풀어 주소서. 창녀와 하혈병 여인을 받아 주셨듯 당신께로 가까이 다가가 경건하게 당신의 몸을 만지려 하는 저를 받아 주소서. 하혈병에 걸린 여인은 당신의 옷자락 끝에 손가락을 대자 수십 년 동안 앓던 병이 나았으며 창녀는 당신의 정결한 발을 만지고 죄사함을 받았습니다. 보잘것없는 이 몸 이제 감히 당신의 거룩한 몸을 모시려고 하오니 저를 불로 태우지 마옵시고, 여인들을 받아 주셨듯 저 또한 받아 주소서. 그리하여 저의 영혼을 깨우쳐 주시며, 저의

죄를 태워 주소서. 당신은 영원히 찬미 받으시나니 당신의 거룩한 어머니와 천군 천사들의 중보로 이 기도를 드리나이다. 아멘.

그 외 성찬식 전에 드리는 기도

1

주여, 당신은 하느님이시며 저는 한낱 메마른 풀에 불과한 존재임을 알고 있나이다. 지은 죄가 너무 많기에 하느님이신 당신께 감히 가까이 가지 못하나이다. 풀이 불 속에서 그을리듯이 이 몸 역시 불에 탈까 두렵기 때문이나이다. 그러나 당신께서 친히 저를 부르시기에 당신께로 다가가나이다. 거룩한 샘이신 당신에 의해 저의 더러움이 깨끗하게 씻기고, 의사이신 당신에 의해 저의 병이 말끔히 치유되고, 또 생명의 빵이신 당신에 의해 죽은 자와 다름 없는 제가 되살아나기 위함이나이다…. 저는 가치 없는 인간이며 죄인임을 다시 한번 고백하나이다. 그러니 당신은 죄인들을 구원하시기 위해 오셨으니 저를 구원해 주소서.

일리아스 미니아티스

2

주여, 당신께서는 이 세상의 끝날까지 항상 우리와 함께 계시겠다고 거짓을 모르는 당신의 입으로 우리에게 약속하셨나이다. (마태오 28:20)

그리고 정말 그러합니다. 당신께서는 언제나 우리와 함께 계시며, 당신께서 우리 가운데 계시지 않는 날은 단 하루도 없습니다. 당신께서 함께 계신다는 사실은 당신의 몸과 피의 성찬식인 신성한 감사의 성사 속에서 더욱 분명하게 드러납니다.

오! 당신께서는 참으로, 진정으로 당신의 성찬에 머물고 계십니다. 우리의 주인이시며 주님이신 당신께서는 성찬예배 때마다 우리 인간들과 똑같이 흙으로 빚은 육신을 취하십니다. 우리가 가진 죄를 빼고는 모든 부분에서 똑같아 지십니다. 그런 뒤 그 살을 우리에게 주심으로써 생명을 베푸십니다.

이를 통해 당신께서는 우리와 하나가 되십니다. 당신의 살이 우리의 살과 하나되며, 당신의 거룩한 성령께서 우리 영혼을 밝게 비추십니다. 그리고 당신과 우리 사이에 생명을 주고 평화를 가져오는, 달콤하기 그지없는 이 결합이 이루어짐을 우리는 느낍니다. 사도 바울로가 말했듯이(1고린토 6:17) 신성한 감사의 성사 속에서 우리가 영적으로 당신과 하나가 됨을 느낍니다. 우리는 당신처럼 온유하고 겸손한 마음을 지니게 됩니다. (마태오 11:29)

3

오! 천상의 성스러운 양식이시여, 당신 사랑의 불꽃 위에서 저 자신을 제물로 바칠 그 시간은 언제인지요? 오! 창조되지 않고 시작도 없는 사랑이시며 생명의 빵이시여, 그때가 과연 언제, 언제일지요? 언제쯤 저는 오로지 당신만을 위한, 당신에 의한 삶을 살아갈 수 있나이까? 아름답고 다정하고 영원한 저의 생명이시여, 그것이 과연 언제쯤인지요?

오! 하늘의 만나시여, 저는 언제쯤에야, 상해서 악취를 풍기는 지상의 죄 많은 양식을 역겨워하며 오로지 당신만을 제 양식으로 삼기를 원하게 될지요? 오! 다정하신 분이시여, 언제쯤 그리될는지요? 오! 홀로 선하신 이여, 그게 언제일지요? 오! 주여, 사랑받으시며 전능하신 이여, 거짓에 대한 애착과 죄를 지으려는 욕정으로부터 저의 비천한 마음을 자유롭게 하여 주소서. 거룩한 덕행과 성실성으로 제 마음을 장식하시고, 제가 당신의 마음에 드는 선한 일만을 행하도록 하소서. 이렇게 깨끗하게 된 마음으로 저는 당신께 다가가 제 마음을 열어 보이고, 그 안으로 들어오시라고 간청하겠나이다. 당신이 원하시는 결실이 맺어지도록 간청하겠나이다.

감미로운 음료이신 주 예수 그리스도시여, 당신의 피로써 저의 피를 씻어 주심에 감사드리나이다.

주 예수 그리스도시여, 희생양이시며 제사장이시여, 저는 당신의 두려운 성찬에 참여할 만한 가치가 없는 죄인임을 고백하나이다.

주 예수 그리스도시여, 제가 합당한 준비 없이 거룩한 식탁에 접근하지 않겠음을 고백하나이다.

생명의 빵이신 주 예수 그리스도시여, 굶주린 저

를 배불리 먹이소서.

즐거움을 주는 음료이신 주 예수 그리스도시여, 저의 목마름을 해소해 주소서.

사랑의 살진 소이신 주 예수 그리스도시여, 돌아온 탕아인 저를 먹여 주시고 저의 잘못을 모두 용서해 주소서.

하늘의 만나이신 주 예수 그리스도시여, 광야에서 이스라엘 백성을 먹여 주셨듯이 저를 먹여 주시고 영적인 좋은 것들로 가득한 풍요로운 땅으로 저를 인도하소서. 아멘.

아토스 성산의 니코디모스 성인

4

"하느님에 대한 경건한 마음과 믿음과 사랑으로 가까이 올지어다."

주여, 당신께서 저를 부르시니 스스로가 가치가 있건 없건 개의치 않고 저는 당신께로 나아갑니다. 어쩌면 저는 결코 가치 있는 사람이 되지 못할 것입니다. 가치 없는 사람이 어떻게 당신께 접근할 수 있겠습니까? 그러나 그냥 떠나는 것은 두렵습니다. 바깥에서는 우리의 적인 악마가 성난 사자처럼 포효하며 먹이를 찾아 배회하고 있기 때문입니다. 제가 당신께 가는 것은 오로지 당신의 자비를 믿고 당신의 사랑과, 당신의 한량없는 동정심을 믿기 때문입니다. 생명을 주시는 주여, 저는 힘을 얻고 생명을 얻기 위해 당신께로 나아갑니다. "나의 영혼이 살아 계신 하느님을 애타게 기다리고 있습니다."

저는 향수병에 걸렸습니다. 그리하여 영혼의 눈을 크게 뜨고 당신의 모습을 찾고 있습니다. 행여나 당신을 만질 수 있을까 하여 저는 수천 번이나 손을 들어 봅니다. 무릎은 휘청거리고, 생각은 날카로운 화살촉처럼 하늘을 꿰뚫고 영원 속에 잠깁니다. 저의 모든 것이 오직 당신만을 찾아 헤매며, 옹졸하고 완전하지 못한 저의 마음은 당신을 중심으로 삼기를 갈망합니다. 자, 이제 제가 다가갑니다. 감히 당신의 초대를 받아들입니다. 당신께서는 당신에 대한 열망으로 저를 끌어당기시고 신성한 사람으로 저를 변화시키셨습니다.

그리스도시여, 보이지 않는 영적인 불로 저의 죄를 태우소서. 당신과 저 사이를 가로막고 있는 벽을 허물어 주소서. 당신의 모습을 볼 수 없게 만드는 제 마음속의 욕정의 장막을 걷어 주소서. 저의 마음과 정신을 온갖 더러움으로부터 깨끗하게 씻어 주소서. 저의 존재를 거룩하게 하여 주시고, 가능하다면 저의 영혼을 당신이 머무시기에 걸맞은 장소로 만들어 주소서. 오셔서 제 안에 머무시어 온갖 얼룩을 닦아 내 주소서.

저는 당신을 제 안으로 모시고자 하는 소망에 사로잡혀 있습니다. 그리고 기다림에 지쳐 이 소망은 달콤한 고통으로 변했습니다. 주여, 당신의 부르심과 제 영혼의 욕구에 순종하려 합니다. 당신께서는 이 소망을 이루어 주지 않으실는지요?

5

십자가에 매달리신 주님이시여, 감사로 충만한 마음으로 우리는 당신의 고귀한 십자가 앞에 서 있습니다. 열렬히 사모하는 눈빛으로 당신의 신성한 얼굴을 올려다봅니다.

당신의 크나큰 희생에 대해 우리는 온 마음을 다하여 감사드립니다. 주여, 당신께 애원하오니 우리 죄를 용서해 주소서. 내일 우리는 성체성혈을 모시려 합니다. 우리가 당신의 오심을 간절히 바라게 하소서. 당신에 대한 열망이 우리 안에 불붙게 하소서. 신성한 성찬으로 우리를 받아 주시고 당신의 거룩한 몸으로 우리를 먹여 주소서. 우리의 혈관 속에 당신의 신성한 피를 수혈하여 주소서. 상처 입은 당신의 손으로 우리를 다정하게 어루만져 주시고, 당신의 가슴 안에 우리를 뜨겁게 안아 주소서. 우리의 믿음을 굳건하게 해 주소서.

주 예수 그리스도시여, 진정으로 우리의 몸과 영혼을 거룩하게 해 주소서. 아멘.

6

오늘밤 저는 당신을 위한 보금자리를, 당신께서 누우실 따뜻하고 조그만 구유를 제 마음속에 준비합니다. 주여, 이 보잘것없는 자리를 받아 주시고, 오셔서 제 안에 머무소서. 주여, 저에게 마귀와 싸울 수 있는 힘을 주소서.

내일 다시 한 번 당신의 신성한 피가 저의 불결한 피와 함께 흐르게 될 때, 제 안의 모든 것을 깨끗하게 하여 주소서. 저의 마음이 항상 평온하게 하시고, 용감하며 타락하지 않게 하시고, 굳세어져서 악마의 침입에도 허물어지지 않도록 하시며, 동시에 언제나 순박함을 잃지 않고 꾸밈없게 하여 주소서.

주여, 불쌍한 이 몸은 내일 당신이 저를 방문하여 주인으로서, 또 충실한 친구로서 제 안에 머무시게 되기를 고대합니다.

주여, 저의 호소를 들으시고 오셔서 저의 소원을 이루어 주소서. 아멘.

7

구세주시여, 제가 무슨 면목으로 감히 당신께 다가갈 수 있겠나이까? 당신의 성전 안에서 당신께 경배를 드리고, 저의 소망과 열망을 바치도록 허락하신 당신의 호의만으로도 저에게는 충분하지 않을지요?

죄인이며 보잘것없는 피조물인 이 몸이 어찌 감히 선하시고 위대하신 당신을 제 안에 모시려고 할 수 있겠나이까? 그러나 당신의 무한하신 자비가 저를 당신의 거룩한 식탁 앞에 서도록 허락하였나이다.

구세주시여, 크고 많은 저의 잘못을 어찌 잊겠나이까? 수없이 잘못을 저지른 것에 대해 저는 슬픔을 느끼며 이제 회개합니다. 당신의 마음에 들지 않는 것이라면 무엇이든 다 버리겠나이다. 유다처럼 배반의 입맞춤을 하느니 차라리 죽음을 택하겠나이다. 하느님이시여, 이런 저의 결심을 굳게 하여 주시고, 이를 실행할 수 있는 힘을 주소서.

다정하신 저의 예수님이시여, 저에 대한 당신의 사랑은 끝이 없으며, 당신께서는 이제 그 사랑의 가장 큰 표시를 저에게 하시려 합니다. 이처럼 호의를 베푸시니 어찌 당신을 사랑하지 않을 수 있겠나이까? 그렇습니다. 그리스도시여, 저는 당신을 세상 그 무엇보다도 더 사랑합니다. 그 어떤 것도 당신에 견줄 수가 없습니다. 더 이상 죄를 벌하는 무서운 심판자가 아니라 자식을 품 안으로 맞아들이는 따뜻하고 자비로운 아버지로 당신을 바라보겠나이다. 잃어버린 양을 찾아 나서며, 그 양을 다시 양떼 안으로 돌려보내는 목자로 생각하겠나이다.

"나의 영혼이여, 두려워 말지어다. 네가 저지른 잘못을 회상하면서 떨고 있을 것이 아니라, 너의 잘못을 용서하시고 용서에 대한 보증으로써 조금 후에 너의 마음속에 들어오시게 될 그분을 더욱 믿고 사랑하도록 하여라."

거룩한 구세주시여, 저에게로 오소서. 저의 마음이 준비되었나이다. 저의 영혼이 당신을 그리워하나이다. 저의 마음속에 들어오셔서 제 마음을 완전하게 하시고 거룩하게 하소서.

그리스도의 다정한 어머니시여, 당신은 제가 당신의 아들이신 하느님을 제 안으로 모시기에 적합하지 않은 사람임을 알고 계시나이다. 혹여 제 안에 죄의 찌꺼기가 미처 남아 있다면 이를 말끔히 제거하여 주시고, 당신의 가슴속에서 타는 신성한 불꽃을 제 마음속에 한 줄기 옮겨붙여 주시며, 구세주께서 제 안에 거하시도록 중보하여 주소서. 아멘.

8

내일 저는 성체성혈을 모시려 합니다.

오늘은 토요일, 내일은 주님의 날입니다. 수많은 생각이 저의 머릿속을 스쳐 가고, 제 마음은 착잡하기만 합니다.

방 안에 걸어 놓은 십자가, 그곳에 못 박히신 분을 저는 바라봅니다. 그분의 손과 발, 가시관을 쓴 머리에서 진홍빛 피가 흘러내립니다. 창에 찔린 옆구리를 보고, 사랑이 십자가에 매달린 것을 봅니다.

주여, 오늘밤 당신의 십자가가 저에게 얼마나 많은 이야기를 해 주는지요. 십자가가 제 모든 생각을 이끌고, 사색을 사로잡습니다. 제 모든 존재를 움직이고 감동시킵니다. 아름다운 꽃을 십자가 아래에 놓았습니다. 사람들이 당신께 씌운 가시관보다 저의 욕정과 약점이 당신의 마음을 더 아프게 하지는 않는지요? 제가 지은 죄가 당신의 손과 발에 못처럼 박혀 당신을 고통스럽게 하지는 않는지요?

신 포도주를 주고 당신을 십자가에 매단 이들에게 이렇게 말씀하셨지요. "그들은 자기가 하는 일을 모르고 있습니다." 매일같이 당신의 계명을 어기는 저에 대해서는 무어라 하실는지요? 당신이 누구이신지 알며, 제가 무슨 짓을 하는지도 아는 저를 위해서 어떤 변명을 해 주실는지요?

주여, 저는 제 자신이 탕아임을 알고 있습니다. 제 자신이 당신을 버리고 떠났던 존재임을 알고 있습니다. 그러나 이제 당신의 발 앞에 엎드려 당신의 집에 영원히 머물기를 바라오니, 회개하는 저를 받아 주시고 구원해 주소서. 제 죄의 사슬을 끊어 주소서. 제 마음이 두드리는 소리를 들으시고 당신의 자비의 문을 열어 주소서.

제 영혼이 깨어 당신의 끝없는 사랑 앞에 묵묵히 서 있습니다. 저의 내면에서는 사랑과 두려움이 서로 겨루다가 마침내 두려움이 서서히 물러가기 시작합니다. 저는 용기와 힘을 얻고 내일은 당신의 거룩한 성전에 다가가리라 결심합니다. 멀리서 바라만 볼 것이 아니라, 좀 더 가까이 다가가 당신의 식탁에까지 가려고 마음먹었습니다. 이미 저는 당신의 마음속에서 당신이 그토록 바라시는 소망을 읽고 당신의 음성을 듣습니다. "내가 얼마나 기다렸는지 모른다. 자, 받아먹어라."

주여, 뭐라고 말씀드릴까요? 오늘 저녁 저의 영혼은 당신의 사랑으로 인해 유달리 흥분하여 떨고 있습니다. 시간이 지날수록 당신에 대한 그리움은 커져만 가고, 내일을 기다리는 마음은 조급해지기만 합니다.

구세주시여, 내일은 저도 성찬에 참여하려 합니다. 제가 그럴 만한 가치가 있어서가 아니라, 당신께서 제 안에 머물기를 원하시므로 용기를 얻어 당신께 가려 합니다. 그리스도시여, 당신께 감사드리나이다. 아멘.

9

주여, 아버지를 전적으로 믿고 의지하는 어린아이와 같은 심정으로 제가 당신께 다가갑니다.

오로지 당신만이 병자인 저를 고치실 수 있습니다.

저의 영혼은 목말라 있으며 굶주려 있습니다. 그리하여 온갖 좋은 것을 주시는 당신께로 달려갑니다.

위대한 왕이시여, 불행한 거지처럼 당신의 궁전으로 갑니다.

겸손한 종처럼 주님 앞에 엎드립니다.

보잘것없는 피조물인 이 몸은 창조주이신 당신의 위대함 앞에 겸손하게 머리를 숙입니다.

세상에 실망하여 위안을 찾기 위해 당신께로 옵니다. 주여, 그런데도 당신은 어찌하여 이 비천한 저를 내쫓지 않고 받아 주시는지요? 제가 무엇이길래 친구로 여겨 주시는지요?

죄인인 이 몸이 어찌 감히 뻔뻔스럽게 당신 앞에 나설 수 있을지요?

그런데 당신께서는 어찌하여 이 죄인에게로 오려 하시는지요?

인간의 마음속을 훤히 들여다보시는 주님, 당신께서 보시다시피 저는 당신의 은총을 받을 만한 아무런 자격도 없습니다.

그리하여 깊이 참회하는 마음으로 저의 가치 없음을 고백하고, 당신의 선하심과 관용을 인정합니다. 인간적인 저의 두뇌로는 이해하기 힘들며 상상하기도 어려운 당신의 넓으신 사랑에 대해 감사드립니다.

당신께서 보이신 겸허함에는 미치지 못하더라도 제가 할 수 있는 한 가장 겸손해질 수 있도록 저를 인도해 주소서.

아버지시여, 이것이 당신의 뜻이므로 기꺼이 기쁜 마음으로 순종하려 합니다. 오직 한 가지 부탁드리오니, 저의 죄 많은 속성이 당신의 은총을 받아들이는데 장애물이 되지 않도록 하소서.

지극히 선하시고 사랑이 많으신 예수님이시여, 이루 말할 수 없이 값지고 가치를 헤아릴 수 없는 훌륭한 성찬의 선물을 허락해 주신 것에 대해 감사를 드립니다. 무슨 말로 감사를 드려야 할지 인간의 머리로는 도저히 적절한 표현을 찾을 수가 없습니다.

가치 없는 이 몸이 성체성혈을 모실 때 무슨 생각을 해야만 주님께 합당한 공경과 사랑의 불꽃을 표현할 수 있을지요?

가장 좋은 방법은 제가 겸손해지는 것입니다. 당신께서 보이신 본보기 앞에서, 당신께서 보이신 인내 앞에서, 그리고 당신께서 보이신 희생 앞에서 제가 겸손해지는 것이 당신에 대한 저의 사랑을 보이는 가장 좋은 방법이 되리라 생각합니다.

저는 제 자신에 대해 생각하지 않으려 합니다. 가치 없는 제 자신을 저의 기억에서 지워 버리려 합니다. 오직 당신만을 찬송하고 찬양하며, 이 세상의 삶만이 아니라 저 세상의 영원한 시간 속에서도 항상 당신께 영광을 바치려 합니다.

거룩한 이들 중에서도 가장 거룩한 분이시여, 죄 많은 이 몸의 보잘것없는 봉헌을 받아 주소서. 이 몸은 당신을 쳐다볼 가치도 없는 사람입니다. 그런데도 당신은 저에게 다가오셔서 위로해 주십니다.

당신은 저의 손을 붙잡으시고, 왕족들이 앉는 당신의 식탁으로 데려가 당신의 오른편에 저를 앉히십니다. 천사들이 먹는 빵으로 저를 먹여 주시며, "하늘에서 내려온 생명의 빵이시며 세상에 생명을 주시는 빵"이신 당신 자신으로 저를 먹이십니다.

전능하신 주님이시여, 당신은 그 누구에게도 비할 수 없이 위대한 분이심에도 불구하고 스스로를 낮추시어 생명의 잔을 들고 우리와 같은 비천한 자들에게 오시는 분이시나니, 저의 영혼과 몸을 깨끗하게 지켜 주시어 당신의 거룩한 성체와 성혈을 합당하게 모실 수 있게 하여 주시며, 당신의 사랑과 영광의 보물들을 깨끗한 양심으로 즐길 수 있게 하여 주소서. 아멘.

토마스 아 켐피스의 『그리스도를 본받아』에서
인용한 기도문

성찬식 후에 드리는 기도

1

오늘 저는 성체성혈을 모셨습니다.

"하느님에 대한 경건한 마음과 믿음과 사랑으로 가까이 올지어다." 당신께서 부르시는 소리를 듣고 용기를 내어 다가갑니다. 다른 사람들은 이상하게 여길지 모르나 저에게는 달콤하고, 아름답고, 말로는 표현 못 할 수많은 감정이 내면 깊숙한 곳에서 북받쳐 올라와 저의 마음을 울리고 눈에는 눈물이 맺힙니다.

무릎이 휘청거리려 합니다. 그럼에도 저는 꿋꿋하게 걸어갑니다. 제 마음을 어루만져 주고, 제 영혼을 환희에 빠트리는 이것은 무엇일까요? 어떤 뜨거운 열정이 저로 하여금 거룩한 식탁 앞으로 달려가 무릎 꿇고 싶도록 만듭니다. 가슴이 눈물로 젖어 듭니다. 주여, 저의 불결함을 용서해 주소서. 오늘을 위해 제가 가진 옷을 이것저것 뒤져 보았으나 그것들은 모두

얼룩져 있었습니다. 비록 더러운 옷을 걸쳤을지라도 저를 받아 주소서. 혹시 당신의 사랑의 향기로 이 옷을 깨끗한 새것으로, 아름다운 것으로 만드실 수는 없을지요?

이렇게 말하는 동안 저는 그분을 보았습니다. 그분께서 저에게로 오셔서 애정이 가득한 음성으로 '너의 죄를 사하며 영원한 생명을 주노라'라고 말씀하시는 것을 느꼈습니다. 죄 많은 저의 영혼은 눈물을 쏟았습니다. 그러자 갑자기 밝게 빛나는 맑은 하늘이 제 마음속에서 번져 나갔습니다. 하늘이 제 마음속에서 미소를 지었습니다. 제 안에서 수천 곡의 아름다운 리라 연주 소리가 들렸으며, 성가가 울려 퍼졌습니다. 하늘이 제 마음을 가득 채웠습니다. 새로운 세상이, 어쩌면 천국에서 가져온 새로운 세상이 제 안에서 숨을 쉬었습니다. 땅에서 불어오는 시원한 바람도 제 마음을 부드럽게 어루만지면서 장미와 향기로운 꽃잎으로 제 마음을 가득 채웠습니다. 하늘과 땅이 한꺼번에 축제의 분위기를 내면서 제가 부활의 기쁨을 맛보도록 하였습니다. 저는 만질 수 없는 것을 만졌으며, 표현할 수 없는 것을 알게 되었으며, 접근할 수 없는 것에 다가갔습니다.

이 모든 것이 다 오늘 제가 성체성혈을 모셨기 때문에 일어난 일입니다.

오 하느님, 천사들이 제 안에서 아름다운 노래를 부릅니다. 천사들이 제 안에서 커다란 날개를 펄럭이면서 이곳저곳에 기쁨을 뿌립니다.

하느님이시여, 성체성혈을 모신 오늘, 저는 너무도 많은 것을 보고 듣고 느낍니다. 제 마음도 하나의 리라가 되어 헤루빔 천사와 함께 찬양의 노래를 끊임없이 부르도록 하소서. 오늘 제가 성체성혈을 받았다고 온 세상에 큰 소리로 외치고 싶습니다.

‘나의 영혼은 기쁨에 뛰놀았네. 빛이 나의 눈을 가득 채웠네. 그리스도의 정결한 몸과 거룩한 피가 내 앞에서 환하게 빛났을 때….’

2

성체성혈을 모신 지 하루가 지났습니다.

성체성혈을 모신 지 하루가 지나고, 이틀이 지나고, 사흘이 지났습니다. 수많은 날들이 지났습니다. 그러나 저는 아직도 힘과 평화와 기쁨을 느낍니다. 눈부신 빛이 저를 감쌉니다. 제 영혼은 날갯짓을 하며 하늘 높이 솟아오릅니다. 그리고 세상사에 대해서는 아무것도 생각하지 않습니다.

그런데 저의 몸도 그리스도의 몸과 하나가 됨으로써 변화한 듯합니다. 제 마음속을 누가 들여다볼 수 있다면 아마 그 안에서 '그리스도의 몸과 피'라는 글자를 읽을 수 있을 것입니다. 그러므로 이런 힘을 가진 것은 저의 몸과 피가 아닙니다. 저는 이제 제 영혼이 예전처럼 혼자가 아니라는 사실을 강렬하게 느낍니다. 담쟁이 넝쿨이 나무로부터 생명과 즙을 빨아들이듯이, 제 안에 생명을 주시는 그리스도의 피가 흘러 들어옴을 느낍니다.

거룩한 성찬을 모심으로써 '하느님께서는 우리 인간들을 사랑하신다'는 사실을 더욱 분명하게 느낄 수 있었습니다. 감사의 성사란 더 이상 골고타에서 일어나는 희생이 아니라, 주님의 봉헌을 겸손하게 받아들이는 우리 각자의 마음속에서 일어나는 희생이기 때문입니다.

하지만 주님, 뭐라고 말씀을 드릴까요? 세월이 흘러감에 따라 저는 다시 두려워지기 시작합니다. 저 자신이 두려워지기 시작합니다. 당신은 제가 얼마나 쉽게 죄악에 빠지는 불안정한 속성을 지녔는지 잘 알고 계십니다. 저도 모르는 사이에 죄가 제 안에 가라지처럼 하나둘씩 돋아나다가, 머지 않아 제 마음속은 온통

따가운 가라지 밭처럼 변하고 말 것입니다. 그렇게 되면 그 가라지의 가시가 주는 통증으로 인해 저는 얼마나 괴로워해야만 할까요? 주위의 많은 사람들이 가라지 가시로 인해 고통받는 것을 저는 봅니다. 주여, 제 영혼의 밭에 가라지가 돋아나려 하면 당신의 부드러운 손으로 뽑아 주소서….

주일이 다가옴에 따라 제 영혼은 기쁨에 넘칩니다. 요한 크리소스토모스 성인은 말했습니다. "당신의 자비가 드러나기 위해서는 많은 시간이 필요하지 않습니다. 오로지 이를 받아들이려는 선의의 자세만 있으면 당신의 자비는 어느 순간에라도 드러납니다."

조금도 주저하지 않고 할 수 있는 말이 있다면 그것은 바로 제 안에는 주님의 자비를 받아들이고자 하는 선의의 자세가 있다는 사실입니다. 그리하여 저는 감히 다시 한 번 당신께 애원합니다. '한 번만이 아니라 다시 또다시, 제가 살아 있는 동안, 그리고 마지막 숨을 거두는 그 순간까지 계속해서 저에게로 오소서' 라고 당신께 애원합니다.

연로한 시메온은 그리스도 당신을 보기 전에는 눈감지 않기를 간절히 원했습니다. 그 소원은 이루어져, 그는 마지막 순간에 단 한 번 자신의 가슴에 당신을 안는 영광을 누렸습니다. 가끔씩 저의 보잘것없는 가슴속에 당신을 받아들이는 저 역시 시메온처럼 커다란 소원이 하나 있습니다.

저의 소원이란 제 영혼의 죽음을 이기게 되는 것입니다. 제 영혼이 당신의 도움을 받아, 죽음을 초래하는 죄를 누르고 승리하는 것입니다. 그렇게 되기를 당신께서도 바라지 않으신지요? 주여, 오소서. 제가 마지막 숨을 거두는 순간까지 저에게로 오소서. 아멘.

3

주여, 신성한 감사의 성사에 다가갈 때마다 저의 영혼은 당신과, 당신의 사랑으로 넘쳐흐릅니다.

당신은 우리를 지극히 사랑하셨기에 우리의 죄를 구속해 주시려고 스스로 희생 제물이 되셨으며, 당신의 영원한 생명을 우리에게 주셨습니다.

당신은 우리를 지극히 사랑하셨기에 우리의 양식이 되셨으며, 어머니가 젖을 먹여 아이를 기르듯이 당신의 살로써 우리를 먹이시고 키우십니다.

당신은 우리를 지극히 사랑하셨기에 우리로부터 아무것도 기대하거나 요구하지 않으시면서도 당신이 소유하신 모든 것을 우리의 것으로 만드셨습니다.

당신은 우리를 지극히 사랑하셨기에 우리를 하느님의 위치로 끌어올리려고 희생도 마다 않고 고난을 달게 받으셨습니다.

당신의 모습은 우리 마음속의 가장 값진 보물이며, 당신의 말씀은 혀에 닿는 꿀보다도 더욱 달콤합니다.

당신은 이 세상에서 가장 아름답고, 가장 완전하고, 가장 다정한 존재이시므로 당신을 떠올리는 것만으로도 우리는 황홀해지고 기쁨을 억누를 수가 없습니다.

우리 마음은 당신의 크나큰 사랑으로 인해 상처를 입었으니, 이 상처를 어떻게 치료해야 할지 알 수가 없습니다.

당신께서 주신 계명을 우리는 충실하게 지키고자 합니다. 그래야만 우리 영혼이 위안을 얻고, 당신의 사랑으로 우리 가슴속에 새겨지는 상처가 치유될 수 있기 때문입니다.

그리스도시여, 우리에게 이 선물을 주소서….

어린아이가 엄마를 좋아하고 엄마의 젖을 좋아하듯이, 우리도 당신을 사랑하고 당신께서 주시는 신성한 양식인 당신의 몸과 피를 사랑하려 합니다.

4

주님이시여, 온 우주를 다 합친 것보다도 훨씬 더 크신 당신을 제 안으로 모셨습니다. 당신을 열렬하게 그리워하던 저를 채워 주시기 위해 당신께서 오셨습니다. 하느님이시여, 제 영혼을 다하여 당신께 경배를 드립니다. 제가 드리는 경배가 비록 당신의 눈에는 사소해 보일지라도, 그 열성만은 하늘의 천사와 성인들에 뒤지지 않는 그런 경배를 당신께 바칩니다. 당신께서는 불멸의 왕이시며, 영광과 경배와 찬송은 영원히 당신께만 속한다고 고백합니다.

하느님이시여, 저는 당신의 율법의 계명을 지키기로 결심하였습니다. 그리고 이를 반드시 지킬 것을 엄숙하게 맹세합니다. 그리스도시여, 생명도, 죽음도, 기쁨도, 슬픔도, 출세도, 그 무엇도 당신의 사랑으로부터 저를 떼어 놓을 수는 없습니다.

저는 저의 비참함과 결점을 헤아리며, 당신께서 저를 저버리시면 다시 죄악의 구렁텅이로 빠지고 말 것임을 잘 압니다. 하지만 당신께서 저와 함께 계시면 저는 죄를 범하지 않는 힘을 얻고, 비천한 존재임에도 불구하고 당신의 사랑 속에 머물 수가 있습니다.

당신의 거룩하신 몸으로 저의 몸을 정결케 하여 주소서. 저의 영혼을 성령으로 가득 채워 주시고, 저의 욕정의 불을 꺼 주시고, 천국에 들어가기 위해 필요한 온갖 덕을 저에게 주소서. 아멘.

5

저를 버리지 마소서. 오, 하느님이시여. 당신께서 죄 많은 저의 마음속에 들어오신 은혜에 대해 무엇으로 보답해야 할지 알지 못합니다. 저는 가진 것이 아무것도 없습니다. 아니, 가진 것이 없다는 말은 거짓입니다. 제 마음속에 당신을 모시고 있으므로, 저는 전부를 가졌습니다. 그리하여 '당신의 것인 이 세상의 모든 것 중에서 이 예물을 당신'께 바칩니다. 그 이상 제가 무엇을 더 바칠 수 있으리이까?

하느님의 양이시여, 당신을 제 안으로 모시자 저의 마음은 또 하나의 하늘이 되었습니다. 이 놀라운 은혜에 대해, 다른 방법으로는 도저히 마음을 표현할 수 없기에 저는 헤루빔과 세라핌과 하늘의 천군 천사들이 지금껏 바쳐 왔으며 또 앞으로도 영원히 바치게 될 모든 감사를 당신께 바칩니다.

다정하신 저의 그리스도시여, 저의 마음의 소리를 들으소서. 제가 결코 당신으로부터 떠나는 일이 없도록 하소서. 저의 영혼을 파멸시키려 하는 원수들로부터 저를 지켜 주소서. 그리스도시여, 저의 영혼을 거룩하게 하여 주소서. 그리스도의 몸이시여, 저의 육신을 구원하여 주소서. 그리스도의 피이시여, 당신의 거룩한 생명을 조금만이라도 저에게 나누어 주소서.

고난을 받으신 그리스도시여, 저를 굳건하게 하소서. 그리스도시여, 마지막 순간까지 제가 당신의 생명의 잔에 다가갈 수 있도록 도와 주소서. 또한 저를 당신의 곁으로 부르실 때에, 당신의 모든 거룩한 성인들과 함께 저 역시 당신을 찬양하도록 허락하여 주소서. 아멘.

6

지극히 선하신 주님이시여, 당신께서는 우리에게 당신을 알게 하는 기쁨이라는 대단히 큰 선물을 주셨으니 온 마음을 다해 감사를 드립니다.

주님이시여, 당신은 우리에게 거룩한 현존을 보여 주시고, 우리와 귀한 우정을 맺어 주시고, 우리에게 희생 제사를 베풀어 주시고, 또 당신의 정결한 성체와 고귀한 성혈을 주시니 이에 온 마음을 다해 감사를 드립니다.

그리스도시여, 우리가 언제나 당신의 거룩한 식탁 가까이 머물도록 하여 주소서. 주님이시며 구세주이신 당신을 애타게 그리는 마음과 불타는 열정으로 우리 안에 당신을 모시도록 허락하여 주소서.

주여, 당신께 애원하오니 항상 우리와 함께 머무소서. 엠마오로 가는 길에서 당신과 함께 동행하였던 제자들처럼, 우리도 지금 이 순간 뜨거운 마음으로 "주여, 이젠 날도 저물어 저녁이 다 되었으니 여기서 우리와 함께 묵어 가십시오"라고 말합니다. 아멘.

7

주여, 당신께서 친히 보잘것없는 저의 마음속에 들어오신 것이 사실인지요! 온 우주에 담으려 해도 차고 넘치도록 크신 당신께서 저의 작은 마음속에 들어오신 것이 정말인지요! 저는 진정 이해할 수가 없습니다. 이해할 수가 없기에 믿기도 벅찹니다. 당신께서 그처럼 여러 번 확인해 주셨건만 진정 믿을 수가 없습니다….

당신의 신성에 경배를 드리며, 당신의 현존 앞에 겸손하게 엎드립니다. 무슨 말로 당신께 감사드려야 할지 도무지 알지 못합니다. 혀마저도 굳어 버린 듯합니다. 그러나 저는 이제 당신께 한 가지 약속을 드리려 합니다. 평생 동안 기억하고 지켜 나갈 약속을 말입니다. 당신을 마주 보았던 저의 이 두 눈은 앞으로 세상의 헛된 일을 보지 않을 것이며, 당신께 닿았던 저의 이 입술은 은혜의 말 이외에는 다른 것을 내뱉지 않을 것이며, 당신을 받아들인 저의 이 마음은 죄를 바라거나 나쁜 짓을 원하지 않을 것임을 당신께 맹세합니다.

이제 제 안에 들어오신 당신께 부탁드리오니 저를 떠나지 마소서…. 저를 혼자 남겨 두지 마소서! 절대로, 절대로 떠나지 마소서!

당신 없이는 저는 넘어지고 가라앉으며 어찌할 바를 모르게 됩니다. 당신 이외에는 그 무엇도 저를 만족시키지 못합니다. 아무도 저를 도와주지 못합니다. 당신을 제 안에 간직하기 위해서, 제 곁에 가까이 모시기 위해서 제가 무엇을 해야 하는지 말씀해 주소서. 당신과 함께 있을 때만이 저는 기쁨을 맛보고 평온함을 느끼며, 저의 뜻이 거룩하게 되며, 저의 생각이 하늘까지도 얼싸안을 듯합니다.

이제는 당신께서 군림하실 시기가 되었습니다. 제 안에 오시어 저의 '주인이 되시고 군주가 되시고 왕이 되소서.' 저의 의지를 지배하시고, 저의 뜻을 당신의 뜻과 일치시키시며, 저의 발걸음을 인도하시어 당신의 계명을 지키는 일만 하도록 하소서. 소란스럽고 근심 걱정 많은 생활 속에서도 오직 당신의 심장 소리만을 듣도록 하여 주시며, 저의 심장도 오직 당신의 사랑을 위해서만 뛰도록 하여 주소서. 당신과 함께 있는 단 일 분이 당신이 없는 영원한 세월보다 더 귀중합니다.

구세주시여, 당신의 사랑이 제 가슴 안으로 들어온 오늘 이 날이 제 평생에서 가장 아름다운 날입니다. 오래 참으시는 주님이시여, 진정으로 당신께 감사드립니다.

8

그리스도시여, 당신의 지극히 정결하고 거룩한 몸과 당신의 고귀하며 생명을 주시는 피에 대해 감사를 드립니다.

오! 주님, 애원하오니 당신의 고귀한 피로 죄에 물든 저의 피를 거룩하게 하소서.

지극히 거룩한 당신의 몸으로 제 몸 속의 죄를 없애시고 새로운 생명을 불어넣으시어 제가 선한 일만을 행하도록 하소서.

구세주시여, 십자가에서 흘린 당신의 피로 저의 혀가 붉게 물들었으니, 이 혀로 언제나 사랑과 진리와 기도의 말만 하도록 하소서.

거룩한 성찬의 잔에서 당신을 바라보았던 저의 두 눈이 언제나 온유함과 순수함과 동정심으로 세상을 바라보게 하소서.

거룩한 성찬의 성보(聖褓)에 닿았던 저의 두 손이 언제나 깨끗하게 유지되고 하늘을 향해 드높여지게 하소서.

당신의 귀중한 복음 말씀을 들었던 저의 두 귀가 당신의 명령이라면 하나도 빠짐없이 들을 준비가 되어 있게 하소서.

그리스도시여, 저의 몸의 각 부분을 거룩하게 하시고, 저의 영혼과 저의 모든 것을 거룩하게 하여 주소서. 아멘.

오늘

주여, 오늘 저의 가슴은
기쁨으로 터질 듯합니다.
오! 아름다운 이 날이
결코 서쪽에 도착하지 않게 하소서.

이제 저의 영혼 속에는
수많은 꽃들이 활짝 피어나고
수천의 꾀꼬리가
즐거운 노래를 부릅니다.

주여, 오늘 저의 마음은
보석으로 장식된 궁전이 되었습니다.
오! 진정 놀라운 기적이여!
그 무엇도 이보다는 아름답지 못하리.

오! 이처럼 큰 기쁨을 주신 것에 대해
주여, 당신께 어떻게 감사를 드릴까요?
신비로운 당신의 성찬에
저를 참여하도록 해 주신 데 대하여….

성찬

신성한 감사의 성사, 그 영원한 신비

초판 1쇄 발행일 1997년 12월 2일
개정 1쇄 발행일 2026년 2월 24일

지 은 이 콘스탄티노스 사카리디스 수도대사제
옮 긴 이 마그달리니 마은영
엮 은 이 엘레니 조혜원, 윤현아
펴 낸 이 암브로시오스 조성암 대주교
펴 낸 곳 정교회출판사
출판등록 제313-2010-5호

주 소 서울시 마포구 마포대로18길 43
전 화 02-364-7020
팩 스 02-6354-0092
홈페이지 www.philokalia.co.kr
이 메 일 orthodoxeditions@gmail.com

ISBN 978-89-92941-72-3 03230
값 12,000원

The publication of this book was made possible through the generous donation of the Orthodox Christian Mission Center(St. Augustine, FL., U.S.A.).